外国語活動

イラストで見る

全単元・全〔時間〕
の授業のす〔べて〕

小学校 **4** 年

直山木綿子 編著

東洋館
出版社

はじめに

　2020年4月より新学習指導要領が全面実施となりました。今回の改訂では、これまで高学年の外国語活動で小学校の先生方が積み上げてこられた豊富な実践による成果を継承しつつ、小学校の外国語活動と中学校の外国語科の指導のギャップ等の課題を解消するため、中学年では音声を中心とした「聞くこと」「話すこと」の指導を外国語活動として年間35時間、高学年では「聞くこと」「話すこと」に加え、「読むこと」「書くこと」の4技能を外国語科として年間70時間、指導いただくことになりました。

　中学年の外国語活動では、移行期間中より文部科学省が配布した「Let's Try!」を主たる教材として扱います。また、高学年の外国語科では、「教科書」を使って、数値による評価も行うことになります。

　これまで外国語教育の対象学年が高学年のみであり、外国語担当の教師が限られていたのに対し、新学習指導要領では中学年に外国語活動が導入され、多くの先生方が外国語教育の授業を担当されることになりました。外国語の専門性に対する不安感から外国語活動や外国語科の指導に苦手意識をもつ先生方もいらっしゃることでしょう。

　そこで本シリーズではそんな先生方のために、「Let's Try!」や教科書を子供の実態に応じてアレンジしながら活用しておられる先生方にその実践をご執筆いただき、指導上の留意点やアレンジの仕方等について記していただきました。外国語活動・外国語科の1時間ごとの授業の進め方を提案するとともに、コミュニケーションを行う目的や場面、状況などを明確にした質の高い言語活動を紹介していただき、「主体的・対話的で深い学び」の視点からの授業改善にも役立つものとなっています。これらの実践を参考に、子供たちとともに「あなたの学校・学級の外国語の授業」をつくっていただきたいと思います。

　本書発行に当たり、ご自身の実践をまとめてくださった執筆者の先生方に感謝するとともに、編集に当たっていただいた東洋館出版社の近藤智昭氏、河合麻衣氏、大岩有理奈氏に心より謝意を申し上げます。

　本シリーズが全国の先生方の外国語活動・外国語の授業づくりのお役に立つことを願っています。

令和3年3月吉日

直山　木綿子

本書活用のポイント

　本書は、全単元の1時間ごとの授業づくりのポイント、学習活動の進め方と板書のイメージなどがひと目で分かるように構成されています。各項目における活用のポイントは以下のとおりです。

本時の目標・準備する物

　テキストや教科書の指導案に示されている目標を参考にしながらも、各執筆者が子供の実態に応じて本単元で身に付けたい力を目標として設定しています。さらに本時で必要な教材・教具、学習カード、掲示物等を記載しています。

本時の言語活動のポイント

　毎時間、コミュニケーションを行う目的や場面、状況などを明確にした言語活動を行うことになります。ここでは、本時における中心となる言語活動をどのような意図をもって行うかについて述べています。単元のゴールにつなげるためにも、どのような内容を相手や他者に伝えたらよいか、そのことを伝えるために、単元で慣れ親しんだ、あるいは既習の語句や表現から何を取捨選択したらよいかや、話すことの順を入れ替えるなどの工夫を子供が自分で考え、判断し、表現する場を設定する際のポイントを解説しています。

評価のポイント

　本時の授業でどのような子供の姿を見取り、評価していくかについて解説しています。「指導に生かす評価」を行うのか、「記録に残す評価」を行うのかを各領域に焦点を当てて詳述しています。

第4時　自分の好きな時間について紹介しよう

本時の目標

　自分のことを知ってもらったり、相手のことをよく知ったりするために相手に伝わるように工夫して、自分の好きな時刻と理由について紹介することができる。

準備する物

・時計の模型
・振り返りカード
・日課の絵カード（掲示用）
・学校の生活時刻表（掲示用）

本時の言語活動のポイント

　本時の最終活動は、「好きな時刻とその理由を発表する」活動である。本時までに、どれだけ自分の言葉や表現で伝えたいと思うことをもたせられるかが、ポイントとなる。
　また聞く側が、なんとなく聞くだけにならないように、5人程度発表が終わったところで、子供の発表についてのクイズを教師が出すなど、聞く意欲も高めていきたい。振り返りクイズは、どれだけ聞き取れていたか、理解できていたかについても確認したい。

「話すこと［発表］」の記録に残す評価

◎最終活動で、自分のお気に入りの時刻と理由を発表する活動では、自分のことを知ってもらったり、相手のことをよく知ったりするために相手に伝わるように工夫して話すことができているか、話そうとしているかを三観点から見取り、記録に残す評価をする。
・〈行動観察・子供の作品・振り返りカード〉

本時の展開　▷▷▷

1 Let's Chant "What time is it?" をする

　4人を1つのグループにして、Calling Game【時刻＆行動編】である。前回と違い、今回は、時刻はその場で言われ、即興で It's "〜 Time" と答えなくてはいけない。難易度が少し高いため、"〜 Time" の例示を掲示しておくと子供の助けになるであろう。

2 自分の好きな時刻と理由を紹介する

　自分のお気に入りの時刻と理由を発表する。自分のお気に入りの時刻やその理由をこれまでに慣れ親しんだ語句や表現を用いて、他教科等で学んだことも生かしながら、相手に伝わるように工夫している様子を見取るようにする。

Unit4／ What time is it?
054

授業の流れ

　本時の主な活動について、そのねらいや流れ、指導上の留意点をイラストとともに記しています。その活動のねらいを教師がしっかりと理解することで、言葉かけや板書の仕方、教材の使い方も変わってきます。この一連の活動で、はじめは、単語であったが、最後には文で自分の考えや気持ちを表現し、子供同士でやり取りをするといった目指す姿が見えてきます。

※本書の編集に当たっては、文部科学省の Let's Try 1 を中心に授業を構成しています。各 Unit の時数を確認し、学習指導要領に即した指導事項や関連する言語活動を確かめてください。

Let's Try! 2 ／ **Unit 4**

2 自分の好きな時刻と理由を紹介する

活動のポイント：合間合間に、発表に関するクイズを入れながら進めていく

3 友達の発表をもとにクイズに答える

友達の発表を聞いて終わりににするのではなく、どれだけ聞き取れているか、理解できているか、確かめる意味でも、発表の合間に、教師がクイズを出題し、能動的に聞くことの大切さに気付くことができるようにする。

4 本時の振り返りをする

自分が発表するときの工夫点や友達の発表の仕方や内容への気付きについて記入する。また、友達のよい点から学び、それを次時以降にどう生かすかについても記入する。

第4時
055

本時の中心となる活動・板書

　本時の目標を達成するための中心となる活動を取り上げ、指導のポイントや流れをイラストとともに記しています。特に先生の言葉かけを参考にしてください。子供の発言を受け止める、子供のつぶやきを大切にする、温かな言葉かけをすることが、子供のコミュニケーションへの積極性を育みます。

　また、板書例は45分の流れがひと目で分かるように構成されています。子供の吹き出しは、コミュニケーションにおける見方・考え方につながるものと捉えることができます。

特典 DVD・巻末付録

　編著者である直山木綿子先生が、新学習指導要領における外国語教育の指導のポイント、評価の考え方、Small Talk の例を紹介しています。巻末には、単元別に行うことができる基本の活動と発展的な活動を紹介しています。

単元計画ページ

　各単元の冒頭には、「単元の目標」「単元の評価規準」「単元計画」を記載したページがあります。下段には、「単元の概要」「本単元で扱う主な語彙・表現」を記載しています。さらに、本単元における「主体的・対話的で深い学びの視点」や「評価のポイント」も詳しく述べられています。

本書活用のポイント
003

イラストで見る全単元・全時間の授業のすべて

外国語活動 （小学校 4年）

もくじ

外国語教育における
授業のポイント

外国語教育における授業のポイント

コミュニケーションを行う目的や場面、状況などを明確にした言語活動を!

■ はじめに

　2020年度の小学校学習指導要領全面実施に伴い、全ての学校の中学年で外国語活動の授業が年間35単位時間、また、高学年で外国語科の授業が年間70単位時間展開されています。特に、高学年外国語科については、年間70単位時間の授業を初めて行う学校が多いでしょう。また教科として、初めて教科書を活用して指導を行い、初めて数値等による評価を実施することとなりました。「初めて」づくしの取組に、各学校では、地域や子供の実態に合わせて、誠意をもって取り組んでいただいているところではありますが、指導と評価について悩んでいる先生方も多いことでしょう。

　ここでは、外国語活動及び外国語科の指導において、子供が「主体的・対話的で深い学び」を実現するために大切にしたいこととして、「言語活動」「言語活動を通して」求められる資質・能力を身に付ける具体についての実践を例に挙げながら、確認していきます。

1 言語活動について

⑴ 「言語活動」について確認する

　表1は、新学習指導要領に示されている、小学校外国語活動及び外国語、中・高等学校外国語の目標です。これを見ると、小学校、中・高等学校でも、また、活動、教科でも、「言語活動を通して」子供たちにコミュニケーションを図る（素地／基礎となる）資質・能力を育成することが求められていることが分かります。

小学校		中学校　外国語	高等学校　外国語
外国語活動	外国語		
外国語によるコミュニケーションにおける見方・考え方を働かせ、外国語による聞くこと、話すことの**言語活動を通して**、<u>コミュニケーションを図る素地となる資質・能力を次のとおり育成する</u>ことを目指す。 （※太字・傍線筆者）	外国語によるコミュニケーションにおける見方・考え方を働かせ、外国語による聞くこと、読むこと、話すこと、書くことの**言語活動を通して**、<u>コミュニケーションを図る基礎となる資質・能力を次のとおり育成する</u>ことを目指す。	外国語によるコミュニケーションにおける見方・考え方を働かせ、外国語による聞くこと、読むこと、話すこと、書くことの**言語活動を通して**、簡単な情報や考えなどを理解したり表現したり伝え合ったりする<u>コミュニケーションを図る資質・能力を次のとおり育成することを目指す。</u>	外国語によるコミュニケーションにおける見方・考え方を働かせ、外国語による聞くこと、読むこと、話すこと、書くことの**言語活動及びこれらを結び付けた統合的な言語活動を通して**、情報や考えなどを的確に理解したり適切に表現したり伝え合ったりする<u>コミュニケーションを図る資質・能力を次のとおり育成することを目指す。</u>

表1　小・中・高等学校における外国語教育の目標

　では、「言語活動」とは何でしょうか。以下は、「小学校外国語活動・外国語　研修ガイドブック」（2017、文部科学省）中の「言語活動」に関する説明になります。

　外国語活動や外国語科における言語活動は、記録、要約、説明、論述、話し合いといった言語活動よりは基本的なものである。学習指導要領の外国語活動や外国語科においては、言語活動は、「実際に英語を使用して互いの考えや気持ちを伝え合う」活動を意味する。

このように、外国語活動や外国語科で行われている活動が全て言語活動とは言えず、言語活動は、言語材料について理解したり練習したりすることと区別されています。そして、実際に英語を使って互いの考えや気持ちを伝え合うという言語活動では、情報を整理しながら考えなどを形成するといった「思考力、判断力、表現力等」が活用されるとともに、英語に関する「知識及び技能」が活用されることになります。つまり、子供が自分の考えや気持ちを伝え合う言語活動をしっかりと設定した授業を行う必要があるのです。

例えば、大分県佐伯市立明治小学校は「言語活動」に取り組む実践を通して、「言語活動」に必要な４つの要素を導き出しています。

①必然性
②ほんもの
③相手意識
④コミュニケーションの意義や楽しさ

これらは、新「小学校学習指導要領」及びその解説「外国語活動・外国語編」に記されている、言語活動に関わる記載内容と一致しています。

また、京都府京都市立朱雀第二小学校は、言語活動の１つである Small Talk にフォーカスを当て、子供の発話を促す次の７つのポイントを導き出しました。

①言おうとしている子供に言葉を掛けて励ます。
②子供が言ったことを認め、くり返す。
③子供が言ったことに相づちや反応を返し、安心感を与える。
④子供がつまったときに、ヒントを出す。
⑤子供に様々な質問をする。
⑥子供の言った日本語表現を英語表現に替えて言う。
⑦子供の間違いを、さりげなく修正する。

教師が子供と Small Talk に毎回の授業で取り組むことで、子供の英語を使ってコミュニケーションを図ろうとする意欲と英語力の向上、教師の授業での英語使用量とその質（語句レベルから文発話等）の向上が成果として見られています。

このような例を参考にしながら、「言語活動」の適切な理解の下、全ての学校でこのような取組が展開されることが重要になります。

⑵ 「言語活動」の設定に際して留意すべきこと

言語活動を行うには、コミュニケーションを行う目的や場面、状況などの設定が欠かせず、それを子供と共有することが欠かせません。

また、コミュニケーションを行う目的や場面、状況などに応じて、どのような内容を相手や他者に伝えたらよいか、そのことを伝えるために、単元で慣れ親しんだ、あるいは既習の語句や表現から何を取捨選択したらよいかや、話すことの順などの工夫を子供が自分で考え、判断し、表現する場を設定することが重要です。さらに、話を聞く際に、その目的や場面、状況などに応じて、どのようなことを聞き取ればよいのか、どのような情報を得たらよいのかを考え判断し、得た情報を基に自身の考えなどを再構築することが求められます。

「小学校学習指導要領」及びその解説「外国語活動・外国語編」を熟読し、このようなことを意識して、言語活動を設定することが大切です。なお、このことは、学習評価における「思考・判断・表現」の観点の趣旨と大きく関わるので、評価について考える際のポイントとも重なることを念頭に置きましょう。

2 「言語活動を通して」求められる資質・能力を育成する

　毎回の授業においても、単元終末の言語活動につながるような言語活動を設定し、子供が自分の考えや気持ちを伝え合うようにすることが大切になります。しかしながら、単元終末のみに言語活動を設定し、単元前半の授業では、相変わらず決められた表現を使った単なる反復練習を行うような授業は避けなければなりません。

　単元全体の中の一部分だけでなく、毎時間の授業を（適切な理解に基づくポイントを踏まえた）言語活動にあふれた時間とする、すなわち、真に「言語活動を通して求められる資質・能力を育成する」ためにはどうしたらよいのでしょうか。

　例えば、We Can！1 Unit 6 "I want to go to Italy." の第1時では、新しい語彙や表現について、まず視覚教材を活用し、表情やジェスチャーも交えて、教師が自分自身の本当の考えや気持ちを語り、その話に子供を巻き込んだやり取りを通して、子供に本単元で扱う新しい言語材料に出合わせます。教師の話す内容の概要を捉えていることを子供の様子から確認した上で、表2に示すようなやり取りを通して、先に出合わせた表現の使い方を実際に使わせながら、理解させていくのです。

T: I want to go to Oita.　K5, where do you want to go?　K5: 北海道。　T: Oh, you want to go to Hokkaido.　Good. I want to go to Oita.　K6, where do you want to go?　K6: 沖縄です。　T: OK, you want to go to Okinawa.　K5 wants to go to Hokkaido.　You want to go to Okinawa.　And I want to go to Oita.　（これを、この後数名の子供とくり返す）　K8, where do you want to go?　K8: I want to …　T: Good. You want to go to …?　K8: I want to go to Kyoto.	T: You want to go to Kyoto.　Very good. Once more, please.　Everyone, listen again.　K8: I want to go to Kyoto.　T: Great!（大げさに褒める）Everyone, K8 wants to go to Kyoto.　K9, where do you want to go?　K9: I want to go to Tokyo.　T: Great.　You want to go to Tokyo? Why?　Why do you want to go to Tokyo?　K9: 上野動物園のパンダが見たい。　T: 動物園 in English?　Ks: Zoo.　T: That's right. Ueno Zoo.　K9さんは、パンダが見たいんだって。	英語でどう言えばいいかな。　Ks: 見るだから、see じゃないかな。　T: Good. I want to go to Oita. だから？　Ks: I want to see….　T: Good. I want to see?　Ks: Panda.　T: I want to see pandas in?　Ks: Ueno Zoo.　T: 初めから言ってみようか。　Ks&T: I want to see pandas in Ueno Zoo.　T: Very good.　K9, you want to go to Tokyo. Why?　K9: I want to see pandas in Ueno Zoo.　T: Excellent!

表2　教師と子供たちのやり取り例

　ここでのポイントは、以下の2つです。

①子供が新しく出合う言語材料の意味が推測できるような場面設定をすること
②解説をするのではなく、実際に使わせる中で、その使い方を理解させていること

　この後、子供たちにここまででどのようなことを学習しているかの確認を日本語で行った後、1人

の子供に全員で "Where do you want to go?" と尋ねるよう促し、質問の仕方の練習も取り入れた後、教師と子供で行ったやり取りを、子供同士で行わせます。もちろん、この段階では、十分な練習をしていないので、多くのペアがうまくいかないはずです。

　そこで、この段階で、子供たちに困っていることはないかを尋ね、子供から「質問の言い方がよく分からない」という課題を引き出します。「では、その言い方をみんなで練習しよう」と呼び掛け、言い方が分からないから練習しようという必然性をもたせた上で練習をさせ、再度、相手を替えて取り組ませるのです。

　このように、言語活動を通して、実際に英語を使わせながら、その使い方を理解させ使えるようにします。この一連の活動で、子供は、初めは単語でしたが、最後には文で自分の考えや気持ちを表現し、子供同士でやり取りをするのです。また、必要に応じて、教師は指導と練習を行っています。この練習のときでさえ、子供は自分の考えや気持ちを表現していることも大切にしたいところです。

3 高学年外国語科において「教科書」を子供の実態に合わせて活用する

　冒頭で述べたとおり、今年度から高学年では、教科書を主たる教材として活用しながら授業を展開していますが、「どのように活用すればよいのか」という疑問の声をよく耳にします。まずは、これまでの高学年の外国語活動同様、子供の実態に合わせて活用することが前提となります。

　どのように活用するかについては、岩手県山田町立豊間根小学校の研究実践が参考になります。この学校では、CAN―DO リスト形式の学習到達目標の作成及びその活用にフォーカスを当てて外国語科に取り組み、次の手順で、CAN―DO リスト形式の学習到達目標を作成しています。

STEP 1 ：学習指導要領に示されている目標と、各単元の題材、言語材料等使用する教材を照らし合わせる。

STEP 2 ：子供の実態を踏まえて、コミュニケーションを行う目的や場面、状況等を意識しながら単元のゴールとなる言語活動を決める。
☞ 「話すこと［やり取り］」「話すこと［発表］」のどちらの領域をねらうか。
☞ 決めた領域目標の項目（アイウ）のどれをねらうか。
☞ 「聞くこと」「読むこと」「書くこと」各領域別の目標の項目（アイウ）のどれをねらうか。
☞ 他教科等の学習内容との関連を確認する。

STEP 3 ：領域別の目標全体を見て、年間のバランスや学期ごとのバランスを調整する。

STEP 4 ：年間指導計画を基に、CAN―DO リスト形式の学習到達目標一覧表に各単元の目標と単元名を入れ、最終調整をする。

　これを基に子供に分かりやすい言葉で記したリストを作成し、活用させることで、教師と子供が単元の学習内容や既習表現を確認し、各学年末に目指す姿の共通理解を図り、２学年分の系統性やスパイラル形式の学習を見通すことができます。さらに、教科書に様々掲載されている活動の取捨選択やその順の並び替え、どのような活動をオリジナルで加えるかを検討する際に、これを活用するのです。ただ教科書に沿って授業をするのではなく、まず、子供に身に付けさせたい力を明らかにした上で、目標に向けて教科書を活用することが大切です。

必然性のあるやり取りを通して、コミュニケーションの楽しさを感じられる言語活動を！

Let's Try! 2 / **Unit 1**

4 Let's Play

活動のポイント：相手意識をもたせ、反応を意識させる

I like cats.
Do you like cats?

Yes, I like cats.

Hello, I like dogs.

Me, too, I like dogs.

必然性のあるやり取りを大切に

　子供が、興味・関心をもつことができる自分のことや身の回りのもののことを題材にし、事実だけではなく、自分の考えや気持ちなどを伝え合う場面を設定しましょう。また、決められた表現を使った単なる反復練習のようなやり取りではなく、相手の思いを想像し、内容や言葉、伝え方を考えながら、相手と意味のあるやり取りを行う活動を様々な場面設定の中で行うことが重要です。

相手意識をもったやり取りを大切に

　例えば、やり取りの中で、I like ○○. と好きなものを子供が述べた際、教師は、You like ○○. I see. などと「受容」し、I like ○○, too. と「共感」し、さらには、I like △△, too. Do you like △△？と「問いかける」などして、単なる反復練習にすることなく、あくまでも必然性のあるやり取りの中で、表現に慣れ親しませ、コミュニケーションの楽しさを実感できるようにしましょう。

言語活動を行う上での留意事項

　学校や地域行事、学級で取り組んでいること、子供の興味・関心は実態によって様々です。言語活動を行う際には、取り上げる題材や場面設定が自校や子供たちの実態に合ったものになっているかどうかに留意するようにしたいものです。目の前の子供たちの生活をよく見て、コミュニケーションを行う目的や場面、状況などを明確にして、より「本物」のやり取りになるように工夫することが大切です。

子供たちのコミュニケーションを
充実させる板書を！

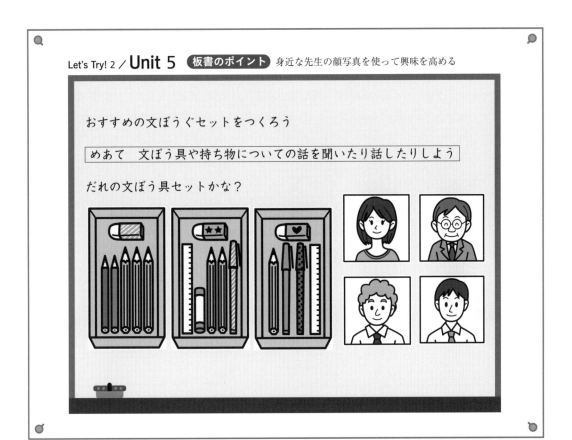

Let's Try! 2 / **Unit 5** 板書のポイント 身近な先生の顔写真を使って興味を高める

おすすめの文ぼうぐセットをつくろう

めあて　文ぼう具や持ち物についての話を聞いたり話したりしよう

だれの文ぼう具セットかな？

イラストや写真の活用、思考の可視化

　気分を尋ねたり、答えたりする単元においては、感情や状態を表す語や表現を発話するだけでなく、それを表すイラストや実物、写真などを黒板に掲示する工夫が考えられます。また、テキストの紙面の拡大掲示や、子供たちの意見や成果物を多く掲示することで、互いを知り合い、コミュニケーションをより活性化させるツールとして板書を活用していきましょう。

電子黒板等、ICT機器を活用する

　電子黒板やテレビ等にパソコンを接続し、絵カードや歌、チャンツ、動画等を映し出すことで、子供の興味・関心を高めるようにしましょう。電子黒板では、部分的に大きく提示したり、画面に文字や線を書き込んだりしながら、子供に説明することも可能なので、ICT機器のもつ特性を十分に生かしながら、効果的に活用していきましょう。

板書を活用する上での留意事項

　外国語活動・外国語科では、言語活動を重視するため他教科等に比べて板書を使う機会は少ないですが、それは、音声によるコミュニケーションを重視しているからです。文字の指導においても、英文だけを板書して指示するような、文字を使って行う指導とならないよう注意する必要があります。あくまでも、板書は活動をより一層充実させるツールとして使用し、授業を活性化させていくことが大切です。

イラストで見る
全単元・全時間の授業のすべて
外国語活動　小学校４年

Hello, world!

(2 時間) 【中心領域】聞くこと、話すこと [やり取り]

単元の目標

・様々な挨拶の仕方があることに気付くとともに、様々な挨拶の言い方に慣れ親しみ、相手に配慮しながら、友達と挨拶をして自分の好みなどを伝え合うようにする。

第 1 時
第 1 小単元（導入）
世界には様々な挨拶の仕方があることに気付くとともに、様々な挨拶の言い方に慣れ親しむ。

1 世界の様々な挨拶を知ろう ① **Let's Watch and Think 1** 　映像を視聴して、世界のいろいろな国の挨拶について、気付いたことを紙面に書き、交流する。 ②**いろいろな国の言葉で挨拶** 　挨拶をしてみたい国を選び、その国の言葉とジェスチャーをまねて挨拶をし合う。	③ **Let's Listen 1** 　音声を聞いて、どの国の挨拶かを考え、テキスト紙面に番号を記入する。 ④ **Let's Play** 　挨拶をして互いの好きなものを尋ねたり、伝え合ったりする。

本単元について

【単元の概要】

　第 3 学年の Unit 1 と同様に、本単元も「挨拶」がテーマになっている。紙面を比較すると、第 3 学年との違いは、各国の挨拶の「文字」と、挨拶を交わす「ジェスチャーのイラスト」が示されていることでる。

　第 1 時では、Let's Watch and Think で、世界のいろいろな国の言葉に出合い、それらの言葉を用いてジェスチャーを交えながら挨拶を交わす活動を行う。

　第 2 時では、英語で挨拶や名前を伝え合うとともに、互いの好みを伝え合う活動を行う。

【本単元で扱う主な語彙・表現】

《語彙》

色、飲食物、スポーツ、動物、状態・気持ち、果物・野菜、数（ 1 − 30）

《表現》

Hello. Good [morning/afternoon/night]. I like (strawberries). Goodbye. See you.

《**本単元のクラスルーム・イングリッシュ**》

Hello, everyone.	Stand up, please.
Sit down, please.	Let's listen.
Good job.	Let's greet our friends.

[知識・技能]：挨拶や自分の好みなどについて聞いたり、伝え合ったりすることに慣れ親しんでいる。

[思考・判断・表現]：自分のことを伝え、相手のことをよく知るために、挨拶や自分の好みなどについて聞いたり、伝え合ったりしている。

[主体的に学習に取り組む態度]：自分のことを伝え、相手のことをよく知るために、挨拶や自分の好みなどについて聞いたり、伝え合ったりしようとしている。

第2時
第2小単元（まとめ）
相手に配慮しながら、友達と挨拶をして、自分の好みなどを伝え合う。

2　友達と挨拶をして、自分の好みなどを伝え合おう **①いろいろな国の言葉で挨拶** 　第1時に選んだ国とは違う国の言葉とジェスチャーをまねて挨拶をし合う。 **② Let's Watch and Think 2** 　時間や場面に応じた挨拶があることに気付く。	**③ Let's Listen 2** 　登場人物について、分かったことを□に記入する。 **④ Activity** 　教室内を歩いて、ペアで挨拶し、好きなものやこと、嫌いなものやことなどを伝え合い、相手について分かったことを表に記入する。

※目標に向けた指導は行うが、記録に残す評価は行わない。ただし、目標にある姿を見取り、指導に生かすようにする。

【主体的・対話的で深い学びの視点】

　第1時で行う Let's Watch and Think 1では、11か国の挨拶の文字が記され、その挨拶の音声を聞くことができる。さらに、その中の4か国の映像を視聴することができる。それらの映像では、2人の登場人物がジェスチャーを交えながら挨拶を行っている。そこで、「どうしてそのようなジェスチャーをするのか」ということについて考えさせることで、外国の文化に興味・関心を高めることができるであろう。

　第2時の Activity では、相手のことをさらによく知るためにはどうしたらよいかを考えさせ、What ～ do you like? の既習表現を用いたやり取りも行わせたい。

【評価のポイント】

　4年生になって初めて取り組む外国語活動単元であることから、目標に向けての指導は行うが、記録の評価は残さない。

　相手に伝わるように工夫しながら挨拶をし、名前や好きなものなどを伝えている様子を見取り、メモするなどして、次単元の指導に生かすようにする。子供の様子を見取り、相手に伝わっていることを意識して、問いかけたりくり返したりすることを大切にさせたい。

世界の様々な挨拶を知ろう

本時の目標

世界には様々な言語があることに気付き、挨拶や名前の言い方に慣れ親しむ。

準備する物

- ・デジタル教材
- ・振り返りカード

本時の言語活動のポイント

本時では、Let's play で友達と挨拶をして友達の好きなものを尋ねる。その際に、相手意識を十分にもち、反応を大切にする。例えば、自分の好きなものを I like baseball. と紹介したら、Do you like baseball? と相手にも尋ねたり、相手が I like soccer. と紹介したら、Soccer? Me, too. と同意したりするとよいであろう。

これらの活動で用いる表現は、3年生で十分に慣れ親しんでいるが、必要に応じて Let's Try! 1 の Unit 4 に収録されている Let's Chant で復習することも考えられる。

【「聞くこと」「話すこと［やり取り］」の指導に生かす評価】

◎本時では、記録に残す評価は行わないが、目標に向けて指導を行う。記録に残す評価を行わない活動や時間においても、教師が子供の学習状況を確認する。
・次時の活動に向けて、挨拶や好みを伝えている姿を中心に見取る。

本時の展開 ▷▷▷

1 Let's Watch and Think 1 世界のいろいろな国の挨拶を知る

デジタル教材を視聴し、様々な挨拶の仕方を知り、気付いたことを記入する。第3学年のUnit 1 においても様々な挨拶に出合っているが、本時では、文字とジェスチャーが示されている。挨拶の音声や、文字、ジェスチャーを日本語と比較して、それぞれの特徴を考えさせたい。

2 いろいろな国の言葉で挨拶をする（ジェスチャーを交えながら）

Selamat siang.

Let's Watch and Think で出合ったいろいろな国の言葉で実際にペアで挨拶をする。

挨拶してみたい国を選び、その国の言葉とジェスチャーをまねて挨拶をし合う。活動に変化を付け、ペアの一方はジェスチャーをし、もう一方はその国の挨拶を言うことなども考えられる。

4 Let's Play

活動のポイント：相手意識をもたせ、反応を意識させる

3 Let's Listen 1
どの国の挨拶か考える

　Let's Watch and Think 1 では映像を用いたが、本活動は音声のみである。音声を聞いてどの国の挨拶かを考え、テキスト上に番号を記入する。

　No. 1〜No. 4 まであるが、 1つずつ行うごとに、聞こえてきた挨拶を用いて、ペアでやり取りをさせるなど、工夫したい。

4 Let's Play
挨拶をして好みを伝え合う

　友達と挨拶をし、互いの名前と好きなものを尋ね合い、テキストの表に記入する。尋ね合う際には、相手意識をもってやり取りさせたい。例えば、挨拶と名前の後に、I like dogs. と伝えたら、Do you like dogs? と問い返したり、Me, too, などと反応を返したりするやり取りにしたい。

第2時 友達と挨拶をして、自分の好みなどを伝え合おう

本時の目標

　相手に配慮しながら、友達と挨拶をして、自分の好みなどを伝え合う。

準備する物

・デジタル教材
・振り返りカード

本時の言語活動のポイント

　Let's Watch and Think 2 では、時間帯に応じた挨拶のやり取りが扱われている。教師が説明するのではなく、映像を比較したり、発問を工夫したりして、子供の気付きを促すことが大切である。そして、実際にそのような場面を再現して、ペアでのやり取りを設けるとよいであろう。Activity では、第1時と同じように、相手の話に耳を傾け、くり返したり、問い返したりと、相手意識を十分にもたせ、反応することを意識するように促すとよいであろう。

【「聞くこと」「話すこと [やり取り]」の指導に生かす評価】

◎本時では、記録に残す評価は行わないが、目標に向けて指導を行う。記録に残す評価を行わない活動や時間においても、教師が子供の学習状況を確認する。
・次単元に向けて、挨拶や好みを伝えている姿を中心に見取る。

本時の展開 ▷▷▷

1 いろいろな国の言葉で挨拶をする（ジェスチャーを交えながら）

　Let's Watch and Think 1 で出合ったいろいろな国の言葉で実際にペアで挨拶をする。
　第1時に選んだ国とは違う国の言葉とジェスチャーをまねて挨拶をし合う。活動に変化を付けて、ペアの一方はジェスチャーをし、もう一方はその国の挨拶を言うことなども考えられる。

2 Let's Watch and Think 2 時間や場面に応じた挨拶を知る

　日本語でも、午前、午後、就寝前など、時や場面に応じた挨拶がある。英語にも同様の挨拶があることを知る。デジタル教材を視聴し、登場人物が各場面でどの挨拶をしているかに気付かせるようにする。また、英語には時間帯を選ばない Hello や Hi があることも確認する。

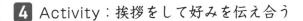

4 Activity：挨拶をして好みを伝え合う

活動のポイント：「ペア」「グループ」「歩き回って」といろいろなパターンで行う

〈ペア〉

Hello, I'm Sakura.

Hi, I'm Yuko.

〈グループ〉

I like soccer.
I don't like swimming.

〈歩き回って〉

Hello.

I like red.

Hi!

I like green.

---

3 Let's Listen 2
登場人物に関して分かったことを書く

　音声を聞き、登場人物の名前や好きなものなどを聞き取ってテキストに記入する。本活動では、好きなものや嫌いなものを含めた数文の内容を聞き取る。子供の様子によって、音声を途中で止めるなどの配慮をする。子供に聞き取れたという実感をもたせることを大切にしたい。

4 Activity
挨拶をして好みを伝え合う

I like baseball. Do you like baseball?

Yes, I do. I lile baseball.

　まずはペアやグループで挨拶をし、次に教室内を歩いて、ペアをつくって挨拶をする。好きなものやこと、嫌いなものやことを伝え合い、分かったことをテキストに記入する。やり取り後に記入させることで、アイコンタクトやジェスチャーを自然とできるようにする。

第2時 Let's Listen 2

活動の概要

　3名の登場人物の音声を聞き、登場人物の名前や好きなものなどを聞き取って、テキストに記入する活動である。本活動は、好きなものや嫌いなものを含めた数文の内容を聞き取るものであり、子供の様子によって、音声を途中で止めたり、音声を教師がくり返して言ったりして、子供が「聞き取れた」という実感や自信がもてるように働きかけることを大切にしたい。

活動をスムーズに進めるための2つの手立て

① 音声を聞く	② 登場人物と自分を比べる
音声を聞き、分かったことを書く。 実態に応じて、一文ずつで音声を止める。	登場人物の好きなことについて、自分はどうかを考えながら聞かせる。

活動前のやり取り

T　：Hi, I'm Akira. I like soccer.
　　　Yukiko さん、Do you like soccer?
C 1　：Yes. I like soccer.
T　：Good! Ummm, I don't like basketball.
　　　Taka さん、Do you like basketball?
C 2　：Yes, I do. I like basketball.
T　：Wow, nice!

活動前のやり取りのポイント

Let's Listen の助走となる活動として、教師が Let's Listen の内容と同様のことについて、子供たちとやり取りをしながら進めていく。このような活動の後に、Let's Listen を行うことで、子供たちはスムーズに活動に取り組みことができる。

　登場人物の名前や好きなもの・ことを聞き取って書く活動である。聞き取った内容を書き、その内容を確認した後は、さらに、「どんな英語が聞こえるか」を尋ね、ummm や see you、bye などに気付かせ、次の Activity でその学びを生かしたい。

メイン活動

I'm Sayo. I like basketball.
Ummm, I don't like swimming.
Good bye.

活動後のやり取り例

T　：さよさんになりきって、自己紹介をしてみましょう。
C　：Good morning. I'm Sayo.
　　　I like basketball.
　　　Ummm, I don't like swimming.
　　　Goodbye.
T　：Good!
　　　"Ummm"って、どんなときに思わず出る言葉かな？
C　：少し考えこんだり、悩んだりするとき？
T　：みんなもぜひ使ってみてね。

活動後のやり取りのポイント

3名の登場人物になりきって、自己紹介をする。そして、ummm や see you、bye などのやり取りの自然な表現に気付かせたい。その表現を次の Activity で活用させたい。

2

Let's play cards.

（4 時間） 【中心領域】話すこと [やり取り]

単元の目標

・友達や先生と仲よくなるために、相手に配慮しながら好きな遊びを尋ねたり答えたり、遊びに誘ったりする。

第 1 時	第 2 時
第 1 小単元（導入）	第 2 小単元（展開①）
天気や遊びの言い方を知る。	天気や遊びの言い方に慣れ親しみ、好きな遊びを尋ねたり答えたりする。
1　動作や天気、遊びの言い方を知ろう ①単元の見通しをもつ 　教師が ALT に好きな遊びを言ったり、聞いたりして遊びに誘っているやり取りを聞いて、本単元終末の言語活動のイメージをもち、学習計画を立てる。 ② Let's Watch and Think 1 　天気と遊びの言い方、遊びに誘う表現に出合う。ALT の話を聞き、自分たちの遊びと世界の遊びの共通点や相違点について考える。 ③ポインティグゲーム 　天気や遊びの言い方についてくり返し聞き、十分に慣れ親しむ。 ④ Let's Listen 1 　天気や遊びの言い方、遊びに誘う表現についてくり返し聞き、十分に慣れ親しむ。	2　好きな遊びを尋ねたり、答えたりしよう ① Let's Watch and Think 2 　世界には天気の言い方に様々な表現があることを知り、天気を通じて世界への関心を高める。 ②表現に慣れ親しむ 　教師とのやり取りを通して、好きな遊びを伝えたり、尋ねたりする表現に十分慣れ親しむ。 ③ミッシングゲーム 　友達が何の遊びが好きかを予想しながら遊びの言い方や好きな遊びを伝えたり、尋ねたりする表現に十分慣れ親しむ。 ④子供同士のやり取り 　友達と好きな遊びを伝えたり尋ねたりする。

本単元について ••

【単元の概要】

　本単元では、天気や自分の気持ちなどを表す語句に加え、子供が大好きな遊びの言い方や遊びに誘う表現を扱う。友達や普段あまり遊ぶ機会が少ない先生と仲よくなるために、好きな遊びを尋ねて誘うことを単元終末の言語活動としている。実際に先生を遊びに誘うのは、休み時間等に子供が個別（ペアやグループもあり）で行う。学校の実態に応じて、遊ぶ対象を先生、上級生等に工夫して行ってもよい。誘う遊びについては、実際に子供が体験できるように他の教員の協力を事前に依頼しておく。

【本単元で扱う主な語彙・表現】

《語彙》

天気、気持ち・状態、遊びなど

《表現》

How's the weather? It's[sunny/rainy/cloudy/snowy].

Let's (play cards). Yes, let's. Sorry.

Sunny (Rainy) day, Let's play 〜.

《本単元のクラスルーム・イングリッシュ》

Hello. Do you like 〜?

Yes, I do./No, I don't.

[知識・技能]：動作、遊び、天気の言い方、Let's play 〜. 等の表現を用いて好きな遊びを尋ねたり答えたり、遊びに誘ったりすることに慣れ親しんでいる。

[思考・判断・表現]：友達や先生と仲よくなるために、相手に配慮しながら好きな遊びを尋ねたり答えたり、遊びに誘ったりしている。

[主体的に学習に取り組む態度]：友達や先生と仲よくなるために、相手に配慮しながら好きな遊びを尋ねたり答えたり、遊びに誘ったりしようとしている。

第3時	第4時
第3小単元（展開②）	第4小単元（まとめ）
好きな遊びを尋ねたり答えたりする表現に慣れ親しみ、遊びに誘う表現を知る。	友達や先生と仲よくなるために、相手に配慮しながら好きな遊びを尋ねたり、遊びに誘ったりして伝え合う
3　好きな遊びを伝え合い、遊びに誘おう ① Activity 　友達と好きな遊びを伝えたり尋ねたりする。 ②表現に出合う 　教師や友達とのやり取りを通して、遊びに誘う表現を聞いたり言ったりしながら、十分慣れ親しむ。 ③ポインティングゲーム 　遊びに誘う表現を聞いたり言ったりして、十分慣れ親しむ。 ④子供同士のやり取り 　ペアになり、好きな遊びを尋ねたり、遊びに誘ったりする。	4　友達を遊びに誘って、先生を遊びに誘うリハーサルをしよう ①子供とのやり取り 　教師とのやり取りを通して、好きな遊びを尋ねたり答えたり、遊びに誘ったりする表現を確認する。 ②子供同士のやり取り 　友達に好きな遊びを尋ね、遊びに誘う。 ③工夫を考える 　先生を遊びに誘うために工夫できることについて考える。 ④全体発表 　先生を遊びに誘うために、グループや全体でやり取りし、表現について確認し合う。

【主体的・対話的で深い学びの視点】

　日常的に子供たちは友達を誘って遊んでいるが、遊びに誘う友達は固定化しがちであるため、普段遊ぶ機会が少ない友達を誘う場面を取り入れる。特に学年外の先生や管理職の先生をやり取りの相手に設定することで、子供は先生と遊んでみたいという思いをもって一層意欲的に取り組み、必要感をもって学習に取り組むであろう。遊びに誘うために、どのようなことを伝え合うとよいのか、遊んでもらうためにどのような遊びに誘うか、どんな伝え方をすればよいのか等を考え、やり取りに生かすことを通して、相手に配慮しながらコミュニケーションすることの意義や楽しさを感じられるようにしたい。

【評価のポイント】

　本単元では、Do you like 〜? や Let's 〜. などを使って、相手に伝わるように工夫しながら好きな遊びを尋ねたり、遊びに誘ったりしている様子を見取り、記録しておく。

　第3時までは記録に残す評価はしないが、目標に向けて十分に聞いたり話したりする活動を行い、第4時の評価場面において、どの子供も「おおむね満足できる状況」となることを目指す。子供の振り返りシートの記載内容と、教師の記録内容とをもとに、友達とやり取りする際、表現が言えているかを子供の近くで確認したり、自信をもたせるような声かけをしたりする。

動作や天気、遊びの言い方を知ろう

本時の目標

　天気や遊びの言い方を知り、世界と日本の遊びの共通点と相違点に着目することを通して、多様な考え方があることに気付くようにする。

準備する物

・掲示用天気の絵カード
・掲示用遊びの絵カード
・児童用遊びの絵カード
・My Dream Plan のモデル
・振り返りカード

本時の言語活動のポイント

　単元の終末である遊びに誘うための言語活動のイメージをもつため、導入として、教師が好きな遊びを尋ねたり遊びに誘ったりしながら話題を提供するようにする。その際、一方的に話すのではなく、教師とALT、教師と子供、のように相手を替え、その遊びが好きか尋ね、遊びに誘うことで、子供を巻き込みながらやり取りをくり返し、天気や遊びの言い方に慣れ親しめるようにする。ゆっくり発話したり、ジェスチャーを用いたりして、苦手な子供でも推測しながら聞き取れるようにする。

【「聞くこと」の指導に生かす評価】

◎本時では、記録に残す評価は行わないが、目標に向けた指導を行う。子供の学習状況を記録に残さない活動や時間においても、教師が子供の学習状況を確認する。初めて天気や遊びの言い方に出合う本時では、子供がそれらの表現をくり返し聞く活動を設定する。

本時の展開 ▷▷▷

1 話を聞いて単元終末の言語活動を知り、単元の見通しをもつ

　天気を尋ねた後、導入として、教師の好きな遊びを伝える。その遊びが好きか尋ねたり遊びに誘ったりしながら、天気や遊びの言い方に出合う。「先生を遊びに誘って仲よくなろう」と提案し、そのために何を学習する必要があるかを子供と考え、学習計画を立てる。

2 Let's Watch and Think 1 世界の遊びの様子を視聴する

　どんな遊びが好きかを子供たちに尋ねた後、動画を視聴し、黒板に絵カードを掲示しながらどんな遊びがあるかを確認する。ALTに外国の遊びを聞いたり、紹介してもらい実際に遊んでみたりして、日本と世界の遊びの共通点や相違点について考えられるようにする。

1 単元の見通しをもつ

活動のポイント：単元のゴールと本時のゴールを明確に提示する

〈単元のゴール〉
英語を使って、先生を遊びにさそおう

【学習計画】

1 天気や遊びの言い方を知る

2 遊びについて尋ねたり答えたりする

3 遊びに誘う言い方を知る

4 友達や教師と、遊びについてやり取りをする

先生を遊びに誘うために、どんな学習が必要かを子供と共有し、単元の見通しをもたせながら学習計画を立てるようにする。

〈本時のゴール〉
天気や遊びの言い方を知ろう

3 ポインティングゲームをする

Next sunny day, let's play…tag

　チャンツを聞いた後、テキスト巻末の児童用絵カードを使ってポインティングゲームをする。教師は天気と天気に合った遊びを誘う表現をゆっくり発音し、子供たちは遊びの絵カードを指さす。何度も聞くことで天気と遊びの言葉に慣れ親しむことができるようにする。

4 Let's Listen 1
遊びの言い方を確認する

How is the weather?
What's this?

It's sunny.

　教師が指したデジタル教材のイラストの天気と遊びの言い方を確認し、Let's Listen を聞くようにする。ここでは、遊びの言い方を聞いて分かることをねらいとしているが、遊びの誘い方にも出合う。本時では、くり返し聞いて慣れ親しんでおくようにする。

第2時　好きな遊びを尋ねたり、答えたりしよう

本時の目標

動作や遊び、天気の言い方に慣れ親しみ、好きな遊びを尋ねたり答えたりする表現を知る。

準備する物

・掲示用天気の絵カード
・掲示用遊びの絵カード
・振り返りカード

本時の言語活動のポイント

子供とのやり取りでは、子供を巻き込みながら I like 〜. Do you like 〜? と好きな遊びを伝えたり尋ねたりしてやり取りをくり返すことで、英語の遊びの言い方を確認しながら本時のキーセンテンスに慣れ親しめるようにする。

ミッシングゲームでは、友達の好きな遊びを推測しながら工夫して取り組めるようにする。隠したカードを当てるだけで終わらず、Do you like 〜?、Yes, I do. I like 〜. と他の子供と出題者とで好きな遊びを尋ね合う表現を何度も聞いたり言ったりして慣れ親しむようにする。

「話すこと [やり取り]」の指導に生かす評価

◎本時では、記録に残す評価は行わないが、目標に向けて指導を行う。子供の学習状況を記録に残さない活動や時間においても、教師が子供の学習状況を確認する。本時では、好きな遊びを尋ねたり答えたりする表現を十分にくり返し聞いたり言ったりすることが大切である。

本時の展開 ▷▷▷

1 Let's Watch and Think 2 様々な天気の言い方を知る

チャンツ等で天気の言い方に慣れ親しんだ後、デジタル教材で動画を視聴する。聞こえてきた言葉を確認し、世界には様々な天気の言い方があることに気付く。表現を聞き取ることではなく、天気の言い方を通じて世界への関心を高めることをねらいとする。

2 好きな遊びの伝え方や尋ね方に慣れ親しむ

遊びの絵カードを掲示しながら、数名の子供に I like tag. Do you like tag? と尋ね、遊びの部分を替えながらくり返しやり取りをする。子供の答えを、You like 〜. と言い換え、遊びの言い方や好きな遊びの伝え方や尋ね方に十分慣れ親しむことができるようにする。

3 ミッシングゲーム

活動のポイント：くり返し聞いたり言ったりして、次の活動につながるよう意識する

〈代表の子供が1枚選ぶ〉

〈みんなで当てる〉

What's missing?

Dodgeball.

代表の子供がみんなが目を閉じている間に、好きな遊びのカードを1枚隠す。他の子供はその子の好きな遊びは何か推測しながらそのカードを当てる。はじめは教師と出題者でやり取りをしていき、慣れてきたら、Do you like 〜? をみんなで尋ね、出題者が答えるなど、次のやり取りの活動につながるようにくり返し聞いたり言ったりする。

【例】

T：（出題者に）Do you like dodgeball?.

C（出題者）：Yes, I do. I like dodgeball.

T：Oh, you like dodgeball. Me, too.

隠すカードの枚数を増やしたり、掲示しているカードを並び替えたりなど工夫して行う。

3 ミッシングゲームをする

What's missing?

　代表の子供が前に出て、好きな遊びの絵カードを1枚隠す。他の子供は友達が何の遊びが好きか想像しながら目を閉じておく。教師がWhat's missing? と問いかけ、なくなったカードを当てる。徐々に隠す枚数を増やしたり、カードを並び替えたり工夫して行う。

4 好きな遊びを伝えたり、尋ねたりする

やっぱりドッジボールは人気がありそう

先生を何の遊びに誘おうかな

　2のやり取りを、今度は子供同士で行う。自分の好きな遊びは学級で人気がありそうか投げかけ、予想をもって活動に取り組めるようにする。相手を替えて、くり返しやり取りをし、活動を通して感じたことを発表し、次時の遊びに誘う表現の学習への意欲を高める。

好きな遊びを伝え合い、遊びに誘おう

本時の目標

好きな遊びを尋ねたり答えたりする表現に慣れ親しみ、遊びに誘う表現を知る。

準備する物

・掲示用天気の絵カード
・掲示用遊びの絵カード
・振り返りカード

本時の言語活動のポイント

教師が子供を遊びに誘うやり取りから遊びに誘う表現に出合い、実際に友達を誘う活動を設定する。その際、相手の好きな遊びを尋ねることの大切さを確認する。目の前にいる相手の反応を確かめながらやり取りを考える大切さにも気付かせたい。例示後は、数名の子供とやり取りをしながら、遊びの誘い方をくり返し聞かせるようにする。相手が遊びたくなるまで遊びの内容を変えながら尋ねる必要があるため、やり取りの仕方を十分に聞かせる時間を確保することが大切である。

【話すこと［やり取り］】の指導に生かす評価

◎本時では、記録に残す評価は行わないが、目標に向けて指導を行う。子供の学習状況を記録に残さない活動や時間においても、教師が子供の学習状況を確認する。本時では、遊びに誘う表現をくり返し聞いたり話したり、十分に行わせることが大切である。

本時の展開 ▷▷▷

1 好きな遊びを伝えたり尋ねたりする

友達や先生を遊びに誘う際、相手に好きな遊びを聞く必要性を考え、前時に続いて好きな遊びを伝えたり尋ねたりする時間を設定し、表現に慣れ親しむようにする。相手を替えて、くり返しやり取りをすることで全員が自信をもって発話することがねらいである。

2 遊びに誘う表現に出合う

教師がALTの好きな遊びを推測しながら尋ねている様子から遊びに誘う表現を全体で確認する。その後、数名の子供と行い、相手の反応を確かめながらやり取りすることに慣れ親しむことで、相手に配慮しながら遊びに誘う意義や楽しさを感じられるようにする。

2 遊びに誘う表現に出合う

活動のポイント：相手の反応を確かめながら、やり取りに慣れ親しむ

〈教師と代表児童〉

A: I like (tag) . Do you like (tag) ?

No と言われたら
どうする？

B: Yes, I do.　　No, I don't.

嫌いな遊びを誘った
ら相手が困るから、
他の遊びを尋ねてみ
た方がよさそう。

相手が困らないように、
遊びたい遊びが好きか
聞くのも大切なんだね。

〈教師・全体と代表児童〉

A: Next (sunny) day, let's play (tag).

B: Yes, let's. / No, sorry.

教師と ALT の例示後、教師と代表の子供数名とで上記のや
り取りをくり返す。慣れてきたら、全体と代表児童とのやり
取りへ発展させる。みんなで好きな遊びを推測しながら尋ね、
A の役割を全体で体験することで、遊びの誘い方に慣れ親し
むようにする。なお、上記は文書での提示などは行わない。

---

3 ポインティングゲームをする

Next sunny
day, let's
play…tag.

ポインティングゲームを行う。Next Sunny
day, let's play…tag. 等と、天気と天気に応じた
遊びを言い、その絵カードを指さす。出題者
を、教師からグループの子供へと発展させ、く
り返し聞いたり言ったりして遊びを誘う表現に
十分に慣れ親しむようにする。

4 ペアで好きな遊びを尋ねたり、遊びに誘ったりする

I like tag. Do you like tag?

Yes, I do.

Next sunny day,
let's play tag.

Yes, let's.

2 のやり取りを子供同士で行わせる。まず
はやってみることが大切である。活動を途中で
止め、子供の実態に応じて何度か英語の言い方
を全体で確認する。言葉が使えるようになるに
は時間がかかることを伝え、次時への意欲を高
めながら本時を終えたい。

第4時 友達を遊びに誘って、先生を遊びに誘うリハーサルをしよう

本時の目標

　友達や先生と仲よくなるために、相手に配慮しながら、好きな遊びについて尋ねたり、遊びに誘ったりして伝え合う。

準備する物

・掲示用天気の絵カード
・掲示用遊びの絵カード
・振り返りカード

本時の言語活動のポイント

　遊びの誘い方を確認した後、子供同士でやり取りをする。その際、どんな遊びに誘えばよいか、どんな伝え方をすればよいかを考え、相手に配慮しながらやり取りする意義や楽しさを感じられるようにする。相手に配慮した誘い方をしている人を紹介し合い、工夫するよさを全体で共有し、相手意識を一層高めながら交流できるようにする。ここでは、その場で好きな遊びを尋ねて遊びに誘っているが、子供の実態に応じて、本時までに好きな遊びを誘う相手に尋ね、情報を集めておいてもよい。

【話すこと［やり取り］】の記録に残す評価】

◎先生を遊びに誘うために、相手に配慮しながら、友達に好きな遊びを尋ねたり、遊びに誘ったりして伝え合っている。（思・判・表）〈行動観察〉
・子供が友達に遊びを誘っている様子を観察し、評価の記録を残す。

本時の展開 ▷▷▷

1 子供とのやり取りをする

　遊びに誘うための必要な表現を子供とやり取りをしながら確認する。Do you like 〜? で好きな遊びを聞いた際、相手に No と言われたときを想定し何度も遊びを替えて相手が好きな遊びを見付けだす例を示しておき、子供が思考しながらやり取りをできるようにする。

2 子供同士のペアでのやり取りをする

　教室内を自由に歩き、ペアで好きな遊びを尋ねたり、遊びに誘ったりするようにする。途中、相手に配慮しながら遊びに誘えている子供を紹介し、そのよさを確認しながら、後半の活動につなげていく。伝え方を工夫している子供を見取り、記録をとるようにする。

2 子供同士のペアでのやり取りをする

活動のポイント：相手に配慮しながら伝え合い、そのよさを共有する

相手を遊びに誘うとき、どんな伝え方をしたらよいですか？

・聞きやすい速さで言う
・相手の反応をたしかめながら言う

・相手の目を見ながら笑顔で伝える
・相手に聞こえるようにはっきり言う

子供から考えが出ない場合は、相手に配慮しながら伝えていた子供を紹介し、よさを確認し、他にもないか尋ねる。「相手に配慮する」とは、伝え合う相手のことを考えたり、反応を確かめたりすることである。「なぜ笑顔で言うとよいのか」「反応を見るとはどういうことか」などと問い返し、明るく声をそろえて誘うと楽しさが伝わる、遊んでもらうためには相手の反応を確かめながら伝えた方がよいなどを共有し相手意識を高めながら、今後への意欲につなげる。

3 先生を遊びに誘うための工夫を考える

先生のところに行って、どんなやり取りをすればいいかな。

まず、自己紹介をした方がいいと思う。

最初に挨拶もいるよね。

先生を遊びに誘うことを想定し、実際にどんなやり取りをしたらよいか考え、全体で確認する。「まず自己紹介をする」「最初に挨拶をする」や「英語ではっきり伝える」等子供のアイデアを大切にし、リハーサルへの意欲を高めるようにする。

4 グループでリハーサルを行い、全体で発表する

I'm（名前）. I like tag. Do you like tag?

Hello. How are you?

Yes, I do.

Yes, let's.

Next sunny day, let's play tag.

遊びに誘うリハーサルを行う。活動 2 での伝え方をもとにアドバイスをし合う。可能であれば最後に実際に誘う先生1名（校長先生等）に授業に参加してもらい、子供とのやり取りを見せることで、全員がイメージを高め自信をもって誘いに行けるようにする。

本単元の Key Activity

第3時 遊びに誘う表現に出合う

活動の概要

　第3時における導入の「**1**好きな遊びを伝えたり尋ねたり」した後に、教師が ALT を遊びに誘う様子を見せ、相手に配慮しながら誘う大切さを感じ取れるようにする。そうすることで、単元目標である「先生を遊びに誘う」につなげるようにする。遊びに誘う際、まずその遊びが好きかどうかを尋ねた上で誘う。相手が好きな遊びを優先に考えているため、好きではなかった場合は、遊びを替えて尋ねる。相手の答え方によって尋ね方が変わるため、様々な場合を想定しながら相手を遊びに誘う面白さや楽しさを感じさせながら活動への意欲を高めていくことを期待する。

活動をスムーズに進めるための 3 つの手立て

①場面設定をする
冒頭から教師は ALT を Let's 〜. で、何度も遊びに誘う。

②状況を理解する
互いに困っている様子を見せることで、どういう状況かを理解させる。

③誘い方に気付く
教師と ALT のやり取りから、どう誘えばよいかに気付かせるようにする。

活動前のやり取り例

C 1 ：I like dodgeball. Do you like dodgeball?
C 2 ：Yes, I do.
C 1 ：Oh, nice.
C 2 ：I like soccer. Do you like soccer?
C 1 ：No, sorry. I don't like soccer.
C 2 ：That's too bad.

活動前のやり取りのポイント

遊びの言い方や Do you like 〜? と好きな遊びを尋ねたり答えたりする表現に十分に慣れ親しませておくことが大切である。活動前にしっかり子供の様子を観察し、自信がなさそうな子供にはそばに行って一緒に会話をしたり、声かけをしたりしながら、先生を遊びに誘うという目的に向かって意欲的に取り組めるようにする。

活動のポイント

　　遊びに誘う表現に出合う場面である。普段遊ぶ機会の少ない先生と遊びたいという期待を膨らませているが、嫌いな遊びでは相手が困ることも理解している。そのため、まずは自分が好きな遊びについて尋ね、相手の反応によってやり取りを考える場面を、ALT と共に教師がやってみせる。その際、子供と一緒に思考しながら誘うことで、好きな遊びが見付かった際の喜びも同時に体験させながら、誘う意欲が高まるようにする。その後、いくつか例を提示し、誘う表現に十分に慣れ親しむ。

活動後のやり取り例

C 1 ： I like dodgeball. Do you like dodgeball?
C 2 ： Yes, I do.
C 1 ： Oh, nice. Next sunny day, let's play dodgeball!
C 2 ： Yes, let's!
　　　 I like soccer. Do you like soccer?
C 1 ： No, sorry. I don't like soccer.
C 2 ： That's too bad. Do you like tag?
C 1 ： Yes, I do. I like tag.
C 2 ： Next sunny day, let's play tag!
C 1 ： Yes, let's! Dodgeball and Tag!

活動後のやり取りのポイント

ペアでの活動の前に、let's を使ったゲームでくり返し言ったり聞いたりして、相手を遊びに誘う表現に十分に慣れ親しめるようにする。また、ALT の後に続けてくり返し発話したり、遊びに誘う側と誘われる側で役割を替えて練習したりするとより効果的である。本時は、慣れ親しむことが目的であるため、うまく話せなくても大丈夫であることを伝え、次時への意欲を高めたい。

I like Mondays.

(**3 時間**) 【中心領域】聞くこと、話すこと [やり取り]

単元の目標

・自分のことを知ってもらったり友達のことをよく知ったりするために、世界の同年代の子供たちの生活を聞いて、自分との共通点や相違点に気付くとともに、曜日の言い方や好きな曜日について尋ねたり答えたりする表現に慣れ親しみ、曜日について自分の考えや気持ちを伝え合う。

第1時	第2時
第1小単元（導入）	第2小単元（展開）
世界の同世代の子供たちと自分たちの生活の共通点に気付き、曜日の言い方に慣れ親しむ。	自分の好きな曜日について、尋ねたり答えたりして、伝え合う。
1　曜日の言い方を知ろう **①見通しをもつ** 　教師のスケジュールをクイズ形式を通して知る。 **②歌で慣れ親しむ** 　チャンツなどで曜日の言い方に慣れ親しむ。曲などを活用することも考えられる。 **③ What day is it? クイズ** 　子供に身近な時間割やテレビ番組をもとに、クイズを出題する。曜日の言い方に慣れ親しむことがねらいである。 **④自分の好きな曜日を言う** 　子供に好きな曜日を尋ねる。	**2　自分の好きな曜日について、尋ねたり答えたりして伝え合おう** **①歌で慣れ親しむ** 　チャンツなどを行う。メインとなる活動に、より時間をとりたい場合には、曲などを活用し短めに行うことも考えられる。 **② Let's Listen** 　イラストを確認しながらやり取りし、音声を聞く。 **③・④好きな曜日を伝え合う** 　教師が、好きな曜日とその理由を併せて紹介する。子供に身近な時間割やテレビ番組など、共通の話題を取り上げる。はじめは教師が問題を出し、次に数名の代表者が問題を出す。

本単元について

【単元の概要】

　この単元では、友達のことをよく知り、さらに仲よくなるために、好きな曜日について尋ねたり答えたり、各曜日にすることを伝え合ったりする。

　4年生にもなると子供たちは、習い事等、個人によって放課後の過ごし方が様々であろう。学級みんなの放課後の過ごし方は、意外に知らないため、好きな曜日とその理由を聞き合うことで、友達との意外な共通点を見付けることができ、新鮮な気持ちで活動に取り組むことができるであろう。

【本単元で扱う主な語彙・表現】

《語彙》

day　曜日（Monday, Tuesday, Wednesday, Thursday, Friday, Saturday, Sunday）

《表現》

What day do you like? Do you like (Mondays)?
Yes, I do./No, I don't. I like (Mondays).
What day is it? It's (Monday).
This is my birthday. What day?

《本単元のクラスルーム・イングリッシュ》

I introduce my schedule.
On Monday, I watch TV at 8:00.
On Sunday, I go to the gym.

単元の評価規準

[知識・技能]：曜日の言い方や曜日を尋ねたり答えたりすることに慣れ親しんでいる。

[思考・判断・表現]：自分のことをよく知ってもらったり、相手のことをよく知るために、自分の好きな曜日について、伝え合っている。

[主体的に学習に取り組む態度]：自分のことをよく知ってもらったり、相手のことをよく知るために、自分の好きな曜日について伝え合おうとしている。

第3時
第3小単元（終末）
相手のことをよく知るために、好きな曜日について、尋ねたり答えたりして、伝え合う。

3　好きな曜日を伝え合おう

①歌で慣れ親しむ

ロングバージョンで行う。グループで曜日を順番に言っていく。

②好きな曜日と理由を言う

第2時の発展型である。Why? と理由を尋ね、前時を想起させる。また、What day do you like? という尋ね方の練習も行う。

③好きな曜日を調査する

最後の活動は、好きな曜日をインタビューし合い、学級で何曜日が好きな子供が多いのかを集計する活動である。まずは、ペアで聞き合い、次にグループ同士で聞き合う。それぞれの子供がインタビューで得た情報をもとに、全体への発表の場とすることで、インタビューへの意欲も高められる。お互いをより知ることで、意外な共通点に気付くためのコミュニケーション活動であり、コミュニケーションの面白さを感じられるようにしたい。

④本時の振り返り

何曜日が好きな友達が多かったか、集計する。

【主体的・対話的で深い学びの視点】

本単元では、前単元に引き続き、自分の好きなことを伝える表現を扱うが、好きな曜日に理由を加えて言えるようにすることで、言語活動の幅が広がる。

曜日については、カレンダーなどで何気なく目にしていることが多いであろう。導入部分で、曜日の言い方を知るとともに、普段目にすることも多い、曜日の頭文字にも注目させ、日常生活とつなげていく。また、世界の同年代の子供たちの生活を知ることで、世界にも目を向けさせたい。

【評価のポイント】

本単元では子供が、What day do you like? などを使って、自分の好きな曜日について尋ねたり答えたりしている様子を見取り、記録をしておく。

単元が3時間扱いと短いため、第1時のクイズやチャンツから子供の様子を観察し、自信をもたせるような慣れ親しみや声かけをしたり、チャンツのセリフをしっかり聞いて、そのセリフを確認できるようにする。

曜日の言い方を知ろう

本時の目標

　世界の同世代の子供たちと自分たちの生活の共通点に気付き、曜日の言い方に慣れ親しむ。

準備する物

・児童用絵カード
・振り返りカード
・曜日の絵カード（掲示用）
・拡大時間割（掲示用）
・What day is it? クイズに使う写真

本時の言語活動のポイント

　教師は、1週間のスケジュールを紹介する際に、子供にも質問を投げかけ、子供を巻きこむようにする。また、子供の単語での回答を受け You play/like ～. と返した上で、再度　I play ～ on Monday, I like～. とくり返して言うようにすることで、本単元でどのようなことを題材とするか分かるようにし、友達の1週間のスケジュールに興味をもたせるようにする。

【「聞くこと」の指導に生かす評価】

◎本時では、記録に残す評価は行わないが、目標に向けて指導を行う。
・導入の教師の1週間の話や、What day is it? クイズでの子供の様子を十分に観察し、次時の指導に生かすようにする。

本時の展開 ▷▷▷

1 教師の毎週の予定を紹介し、曜日を学習する見通しをもつ

　導入として、まず、曜日の省略形を7種類提示する。曜日だと気付く子供がいるであろう。日常生活でも、様々な英語表記に目を向けさせたい。次に、曜日ごとのスケジュールを絵カードや写真を見せながら紹介する。

2 歌で慣れ親しむ "Days of the Week Song"

　チャンツや歌で、リズムに合わせ曜日の言い方に慣れ親しんでいく。慣れてきたら、スタートする曜日を変えて行うと、思考が働き、より主体的に取り組める活動となる。

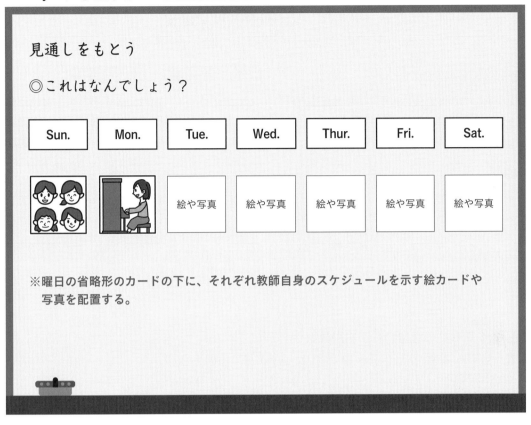

3 What day is it? クイズ をする

I watch TV at 7:00.
I have music, science, math.
What day is it?

　クイズをしながら、曜日の尋ね方を知る。時間割表や TV 番組表など、子供に身近な話題を示しながら、何曜日か推測しやすい内容にする。What day is it? の尋ね方に慣れ親しむとともに、I have/watch 〜 の動作等の言い方にも慣れ親しむようにする。

4 自分の好きな曜日を言う

　黒板に Do you like Sundays/Mondays/Tuesdays? と言いながら曜日カードを掲示。全曜日掲示したところで、What day do you like? と尋ね数名に答えさせる。子供の "Monday." という答えを受け You like Mondays. I like Saturdays. と文で返していき、次時の学習につなげる。

自分の好きな曜日について、尋ねたり答えたりして伝え合おう

本時の目標

　自分の好きな曜日について、尋ねたり答えたりする表現に慣れ親しむ。

準備する物

・児童用絵カード
・振り返りカード
・習い事の絵カード（掲示用）
・場所の絵カード（掲示用）

本時の言語活動のポイント

　本時のメインとなる言語活動は、「好きな曜日について尋ねたり答えたりする」活動である。その際に、好きな曜日だけを答えるのではなく、単語だけでもよいので、理由まで言えるようにしたい。はじめはペアで伝え合い、その後、伝えたかったけれど言えなかった言葉をこれまでに慣れ親しんだ語句などでどう表現すればよいか、学級全体で考えるようにする。

【「聞くこと」の指導に生かす評価】

◎本時では、記録に残す評価は行わないが、目標に向けて指導を行う。
・好きな曜日について尋ねたり答えたりしている様子を観察し、次時の指導に生かすようにする。

本時の展開 ▷▷▷

1 歌で慣れ親しむ "Days of the Week Song"

　授業日の曜日からスタートする。黒板に曜日カードを提示しておくと、歌いやすいであろう。教師も一緒に言い、なじみのない音声は、口元をはっきり見せるなどして、音声だけではその特徴をつかみにくい子供へ配慮する。

2 Let's Listen 曜日クイズに答える

　いきなり音声を聞かせるのではなくテキストにある7種類のイラストを確認する（例えば、On Monday, dodgeball? On Tuesday, what? English.）。その後、Do you like dodgeball/English/Mondays/Tuesdays? などと、子供とやり取りすることで、音声の内容を想起させるようにする。

（板書のポイント）：絵やカードを活用し、好きな曜日を伝え合う

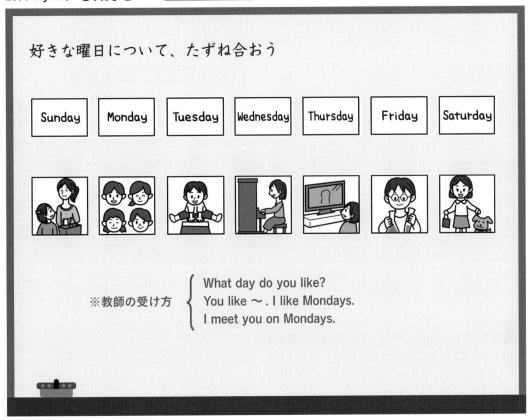

好きな曜日について、たずね合おう

| Sunday | Monday | Tuesday | Wednesday | Thursday | Friday | Saturday |

※教師の受け方
{
What day do you like?
You like 〜 . I like Mondays.
I meet you on Mondays.
}

---

3 好きな曜日を伝え合う①

I like Mondays.
You like Mondays.

　第1時に紹介した教師の1週間の話をくり返し、黒板に曜日と絵カードを順に掲示する。少し考えながら、一番好きな曜日をその理由とともに紹介をする。教師は、全体に What day do you like? と尋ねた後、個別に指名して尋ねる。子供の答えを、You like 〜. I like Mondays. I meet you on Mondays. とくり返して言う。

4 好きな曜日を伝え合う②

I like Wednesdays.
I play volleyball on Wednesdays.
What day do you like?

　3の続きで行う。教師が個別に数名尋ね、子供が I like 〜. と文発話で回答するようになったら、ある子供に全員で尋ねてみようと呼びかけ、What day do you like? と尋ねさせる。こうしながら、質問の仕方に十分慣れ親しませるようにする。

好きな曜日を伝え合おう

本時の目標

自分のことを伝え、相手のことをよく知るために、自分の生まれた曜日を伝え合う。

準備する物

・児童用絵カード
・振り返りカード

本時の言語活動のポイント

自分の好きな曜日は人と同じでも、理由は一人一人違う。普段あまり話さない友達の放課後の様子を聞くことはほとんど経験がないため、友達との意外な共通点を見付けることができるであろう。また、「クラスで一番人気の曜日は？」と、学級全体でテーマを共有できることにより、インタビューする目的もはっきりしている。また、グループ同士のインタビューでも、担当の子供を決めておくことで、全員が活躍できる場をつくっていく。

【「話すこと［やり取り］」の記録に残す評価】

◎相手に伝わるように工夫しながら、自分の好きな曜日について、尋ねたり答えたりしている様子を三観点から見取り、評価の記録を残す。〈行動観察・Let's Try 紙面記載内容点検・振り返りカード記載内容点検〉

本時の展開 ▷▷▷

1 歌で慣れ親しむ "Days of the Week Song"

"Days of the Week Song" のロングバージョンに挑戦する。グループで、チェーンゲームのように行い、順番に言っていく。引っかからないように5週分言えるか、ドキドキしながら取り組むであろう。

2 好きな曜日と理由を言う

指導者は、第2時と同様に、自分の好きな曜日を理由とともに紹介をし、子供に What day do you like? と尋ねる。また、Why? と理由を尋ね、前時の学習内容を想起させる。子供の実態に応じて、What day do you like? と尋ね、尋ね方の練習をさせることも考えられる。

3 好きな曜日を調査しよう

活動のポイント ：好きな曜日だけでなく、その理由も伝え合う

〈教師の働きかけ〉
Why? と理由を尋ねた際、すぐには答えられない場合、自分を指して、I like Mondays. I meet you on Mondays. You like Wednesdays. Why? You have music? You watch TV? You play soccer? と具体的な理由例を提示し、理由を言うよう促す。また、回答を集計するようにする。

〈会話例〉
C1：Hello. What day do you like?
C2：I like Mondays.
　　★ I like soccer. Soccer team on Mondays. How about you?
C1：I like Wednesdays.
　　★ I like English. English lesson on Wednesdays.

S	M	Tu	Wed	Th	F	Sat

---

3 好きな曜日を調査しよう

2で5〜6名の子供に尋ねた後、このクラスではどの曜日が人気があるかなと問いかけ、これまでのやり取りから、予想をさせる。予想をさせることで、みんなに尋ねてみたいという思いを引き出すようにする。尋ね合うペアを調整し、全員の回答を集計できるようにする。

4 本時の振り返りをする

何曜日が好きな友達が多かったかを集計する。また、インタビューを終えて見付けた、友達との共通点や相違点を出し合い、より友達のことを知ることができたかというめあてを振り返る。

好きな曜日を調査しよう

活動の概要

　第3時において、最終活動として行う「好きな曜日を調査しよう」では、普段は、聞くことのない「好きな曜日」について尋ね合うことで、子供は友達の新しい一面を知ることができ、友達との意外な共通点を見付けることになるであろう。

活動をスムーズに進めるための3つの手立て

①掲示物
インタビュー活動の後に、学級集計をすることを知らせるための掲示物。

②教師の提示の仕方
インタビュー活動の前に、教師が数名の子供とやり取りを示す。

③コミュニケーション
インタビューの際には、相手のことを考え、相手の答えに対し、必ず反応をする。

活動前のやり取り例

T：Hello. What day is it today?

T：What day do you like?

T：I like Sundays.

C：Why?

T：(I play) volleyball on Sundays.

C：It's nice!

T：How about you?

活動前のやり取りのポイント

"What day do you like?" "I like Sundays." "(I play) volleyball on Sundays." などを何度かくり返しながら、子供と教師と一緒に尋ねたり言わせたりすることで、次のインタビュー活動につなげていく。担任だけでなく、学年の先生などの問題も出しながら、「同じ曜日の人は誰かな」と、期待を膨らませ進めていくことがポイントとなる。

　指導者は、子供からインタビュー結果を聞き、子供に見えないようにグラフに記していく。グラフを見せる際に、一気に全曜日を見せるのではなく、ある子供にWhat day do you like? Why? と尋ね、答えた曜日の回答を見せるようにしていくことで、子供の調査結果を見たいという思いを高めるように工夫するとよい。

How many students like Mondays?

活動後のやり取り例

T：Let's count! How many students like Mondays?

C：1．2．3 …

T：How about Tuesdays?

C：1．2．3 …

T：How many students like Wednesdays?

C：1．2．3 …

T：The most popular day is ….

活動後のやり取りのポイント

好きな曜日を考えたことのある子供は少ない。学級でどの曜日が好きな人が多いのか、予想しながら活動を楽しむことができる。

What time is it?

（4時間） 【中心領域】聞くこと、話すこと [発表]

単元の目標

・自分のことを知ってもらったり相手のことをよく知ったりするために、時刻や日課を尋ねたり答え
たりすることに慣れ親しみ、好きな日課について聞いたり、紹介したりしようとする。

第1時	第2時
第1小単元（導入）	第2小単元（展開①）
時刻や日課の言い方を知る。	好きな時刻や日課を聞いたり話したりする。
1　時刻や日課の言い方を知ろう **①時刻と日課の言い方を知る** 教師のスケジュールの紹介を通して、時刻と日課の学習の見通しをもつ。a.m., p.m. の言い方を知る。 **②どのような映像か予想する** デジタル教材を視聴する前に、予想する。 **③ Let's Watch and Think 1** 登場人物と同じ日課であるか、自分は同じ日課を何時に行うかなど、教師の質問に答えながら視聴する。 **④ Let's Chant** 時刻の尋ね方、日課の言い方に慣れ親しむ。AM、PM の言葉の使い方にも気付く。	**2　時刻や日課の言い方に慣れ親しもう** **① Let's Chant** 教師と子供で日課についてやり取りをしてからチャンツを言う。 **② Let's Watch and Think 1** ただ視聴するのではなく、登場人物と同じ日課であるか、自分は同じ日課を何時に行うか等、教師とのやり取りの中で自分のことと比べながら視聴させるようにする。 **③ Let's Listen** 登場人物のお気に入りの日課と時刻を聞き、テキストに書き込む。いきなり聞かせるのではなく、イラストを見ながら、どんな言葉が出てくるかを予想してから聞かせる。 **④本時の振り返り**

本単元について

【単元の概要】

　この単元では、1日の生活を題材に、どんな1日を過ごしているのか、また、1日の生活の中で一番好きな時刻はいつかなどを伝え合う。4年生になり、子供の興味・関心が広がるとともに、活動の範囲も広がっており、興味のある題材だと思われる。

　4年生では、日課を表す表現は難しく、動詞も多岐にわたるため、本単元では、"〜Time" と名詞としてお気に入りの日課を表すことにしている。

【本単元で扱う主な語彙・表現】

《語彙》

数字（forty, fifty, sixty）, a.m., p.m., about, 日課・時間（[wake-up, breakfast, study, lunch, snack, dinner, homework, TV, bath, bed, dream] time）

《表現》

What time is it? It's（8:30）. It's（"Homework Time"）. How about you?

《本単元のクラスルーム・イングリッシュ》

This is my schedule.

I like（7）p.m.

It's（relax）time.

単元の評価規準

[知識・技能]：時刻や日課について聞いたり話したりすることに慣れ親しんでいる。

[思考・判断・表現]：自分のことを知ってもらったり、相手のことをよく知ったりするために、日課について、聞いたり話している。

[主体的に学習に取り組む態度]：自分のことを知ってもらったり、相手のことをよく知ったりするために、日課について、聞いたり話そうとしたりしている。

第3時	第4時
第3小単元（展開②）	第4小単元（まとめ）
互いのことをよく知り合うために、好きな時刻や理由を聞いたり話したりする	自分のことを知ってもらったり、相手のことをよく知ったりするために日課について紹介する。
3　好きな時刻やその理由について、聞いたり話したりしよう ① Let's Chant 　Calling Game【時刻＆行動編】を行う。担当する時刻を決め、その時刻に行うことがあることに関連付けながら "〜 Time" を考える。 ② Let's Watch and Think 2 　世界の国や地域で時差があることに気付く。まずは、全部の動画を続けて視聴し、なぜ違う時刻の紹介をしているのかを考える。 ③ Activity 　友達との共通点などを意識しながらやり取りする。 ④本時の振り返り	4　自分の好きな時間について紹介しよう ① Let's Chant 　4人1グループで、Calling Game【時刻＆行動編】を行う。 ②自分の好きな時刻について発表する 　お気に入りの時刻に加え、理由も付け加えて発表する。 ③友達の発表をもとにクイズに答える 　発表により関心をもつように、5人に終わるごとに発表の内容についてのクイズを出題する。 ④本時の振り返り

【主体的・対話的で深い学びの視点】

　子供が主体的に学びに向かうには、「伝えてみたい」と心から思い、その内容を具体的にもっていることが重要である。本単元では、自分のお気に入りの時刻と理由を発表する。自分の本当に好きなことを堂々と発表するために、慣れ親しみを十分にして、自信をもって自分のことを知ってもらいたいという意欲を高めていきたい。また、子供たちは、一人一人の発表を聞き、多様な見方・考え方に触れ、それらを認め合うことで、自分や他者への理解を深めるであろう。

【評価のポイント】

　本単元では、Let's Watch and Think の活動で、行動観察はもちろんテキスト記述の分析や振り返りシートの点検により、聞くことの記録に残す評価をしている。また、最終活動で、自分のお気に入りの時刻と理由を発表する活動では、行動観察のほか、子供の作品や振り返りシートから、相手に伝わるように工夫して話しているか、話そうとしているかを記録に残す評価として見取ることができる。

時刻や日課の言い方を知ろう

本時の目標

時刻や日課の言い方に慣れ親しむ。

準備する物

- ・時計の模型
- ・振り返りカード
- ・日課の絵カード（掲示用）
- ・学校の生活時刻表（掲示用）
- ・スモール・トークに使う実物・写真

本時の言語活動のポイント

　教師が1日の日課を紹介する際に、子供にも質問を投げかけ、自分はその時刻に何をしているかを考えさせる。また、代表で言った子供と同じか、別の日課を過ごしているかなど、1つの時刻で会話を膨らませながら、丁寧に導入していきたい。また、何と言っていいのか分からない表現を全体で考え、伝えたいことと合った言葉をつくり上げていく。その活動をすることで、自分だけの特別な時間となり、自分だけの表現を見付けたいという思いが増すであろう。

【「話すこと［発表］」の指導に生かす評価】

◎本時では、記録に残す評価は行わないが、目標に向けて指導を行う。Let's Watch and Think でテキスト紙面、Let's Try にどのような書き込みをしているかや、Let's Chant で、子供の側で一緒に口ずさむなどしながら子供の様子を観察し評価に生かす。

本時の展開 ▷▷▷

1 時刻と日課の言い方を知る

　教師の日課を写真付きで紹介する。いきなり日課の話をしても、子供が理解しにくいと予想されることから、まずは起床と就寝の時刻から紹介するとよい。

2 どのような映像かを予想する

　視聴する前に、テキスト紙面のイラストを指しながら、子供と I 〜 at（時間）. What time do you 〜? とやり取りをし、どのような映像かを予想させるようにする。

1 Let's play：時刻と日課の言い方を知る

活動のポイント ：教師は、一方的に自分の日課を紹介するのではなく、子供とやり取りしながら進める

> This is my schedule.
> I like 5 p.m. It's "Relax Time".
> Do you like "Relax Time"?
> I eat snacks and sweets.
> Do you like snacks?
> I'm happy.

3 Let's Watch and Think 1
時刻や日課の言い方に慣れ親しむ

> What do you think this time's name?

　映像を一気に見せるのではなく、日課ごとに止めて、視聴前と同じように子供と日課についてやり取りをする。

4 Let's Chant
"What time is it?" をする

　まずは、いきなり聞かせてみる。その後、どんな "〜 Time" が聞こえたかを確認し、一つ一つ絵カードを提示し、語句を確認し、慣れ親しませる。その後、教師と子供、学級を２つに分けてのかけ合いをしながら、時刻を尋ねる表現、答える表現に慣れ親しませる。

時刻や日課の言い方に慣れ親しもう

本時の目標

時刻や日課の言い方に慣れ親しむ。

準備する物

- 時計の模型
- 振り返りカード
- 日課の絵カード（掲示用）
- 学校の生活時刻表（掲示用）

本時の言語活動のポイント

本時は、聞くことがメインの活動である。しかし、その中で、登場人物と自分を比べ、「自分ならその時刻にどのように過ごしているか」「自分のお気に入りの時刻は、"〜 Time" と言えばいいかな……」など、伝えたいことを考えながら表現に慣れ親しむことで、主体的に取り組む態度を育てていきたい。

「聞くこと」の指導に生かす評価

◎本時では、記録に残す評価は行わないが、Let's Watch and Think や Let's Listen の活動で、登場人物のお気に入りの時刻や理由について聞き取れているか、教師が子供の学習状況を把握する。

本時の展開 ▷▷▷

1 Let's Chant "What time is it?" する

どんな "〜 Time" があったかを思い出し、チャンツでは、その日課は何時だったのかを確認する。①教師と子供、②学級を2つに分けて、③グループ、など学級の実態に応じて活動の幅を広げていく。

2 Let's Watch and Think 1 時刻や日課の言い方に慣れ親しむ

前時とは逆で、イラストから "〜 Time" と想起しづらいものを取り上げ、予想する。柔軟な子供たちの発想を大切にする。また、Do you like "〜 Time"? などと投げかけ、次時につなげるようにする。

Today's Goal
自分のお気に入り Time にあった “〜 Time” を見付けよう！

I like 〜 Time.

It's "Volleyball Time".　　It's "Piano Time".　　　It's "Comic Time".　　　It's "PC Time".

（例）It's "Sports Time".
　　 It's "Volleyball Time".
　　 It's "Enjoy Time".

（例）It's "Comic Time".
　　 It's "Smile Time".
　　 It's "Relax Time".

---

3 Let's Listen
お気に入りの時刻と理由を聞く

I like Comic Time.

　登場人物のお気に入りの時刻と理由を聞く活動である。いきなり聞くのではなく、イラストが“〜 Time”なのかを予想する。時刻を書き込ませるだけでなく、その理由についても丁寧に取り上げたい。その後、What time do you like? と子供に尋ね、I like 〜 Time. を引き出していく。

4 本時の振り返りをする

振り返りカード

僕のお気に入り Time は……

　「聞くこと」が多い活動の中で、どれくらい内容が分かっていたかを記入する。具体的に振り返ることで、評価に生かすことができる。また、自分の言いたいことに合った、“〜 Time”を見付けられたかを確認し、また、思い付かない子供には、次時までにアドバイスする。

好きな時刻や理由について、聞いたり話したりしよう

本時の目標

　互いのことをよく知り合うために、好きな時刻や理由について、聞いたり話したりする。

準備する物

・時計の模型
・振り返りカード
・日課の絵カード（掲示用）
・学校の生活時刻表（掲示用）

本時の言語活動のポイント

　本時のメインとなる言語活動は、「好きな時刻とその理由について聞いたり話したりする」活動である。その際に、ゆっくりはっきりと相手に伝わりやすいように話すこと、好きな日課の絵やその日課に関係するものを見せながら話すことを意識できるようにしたい。1回目は隣のペアで、2回目前後のペアでと相手を替えてくり返すが、1回目と2回目、2回目と3回目、より相手に伝わりやすくなる工夫を全体で取り上げ、次時の紹介では、全員が自信をもって発表できるようにする。

「話すこと［発表］」の指導に生かす評価

◎子供の学習状況を記録に残す。Activity では、記録に残す評価は行わないが、全体の発表場面やグループでの会話から、教師が子供の学習状況を確認する。
・〈Let's Try 2 紙面上・行動観察・振り返りカード〉

本時の展開 ▷▷▷

1 Let's Chant "What time is it?" をする

　8〜12人を1つのグループにして、Calling Game【時刻＆行動編】である。担当する時刻を決め、その時刻に行うことに関連付けながら "〜 Time" を考える。It's "〜 Time" は代表の子供の後にグループ全員でくり返しながら、慣れ親しむ活動である。

2 Let's Watch and Think 2 動画を視聴する

　はじめから動画を続けて視聴し、なぜ違う時刻の紹介をしているのかを考える。聞こえた言葉を出し合うと、国や地域の名前が入っていることに気付く子供がいるであろう。そこで、時差について押さえ、もう一度、動画を視聴する。世界地図で各地域の位置を確認するとよい。

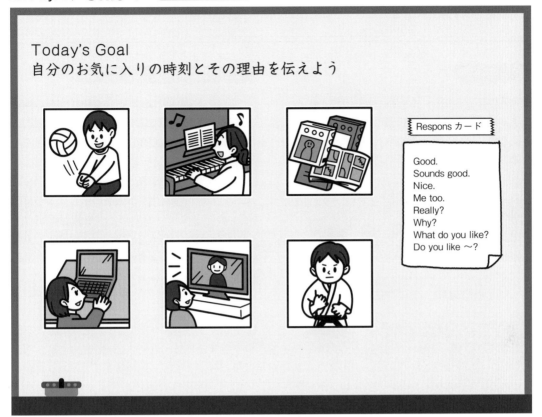

3 Activity
お気に入りの時刻を聞いたり話したりする

　お気に入りの時刻と理由について、聞いたり話したりする。自分だけの特別な時間や自分の言いたいこととぴったり合う "〜 Time" を話したり聞いたりすることで、自分との共通点や知らなかった友達の一面にも目を向けるきっかけになるであろう。

4 本時の振り返りをする

　子供が自分の伝えたい "〜 Time" が、自分の言葉で言えているかを振り返る。また、次時の紹介でのチャレンジしたい「相手に伝えるための工夫点」も記述することで、相手意識をもち、発表に臨めるであろう。

第4時　自分の好きな時間について紹介しよう

本時の目標

　自分のことを知ってもらったり、相手のことをよく知ったりするために相手に伝わるように工夫して、自分の好きな時刻と理由について紹介することができる。

準備する物

・時計の模型
・振り返りカード
・日課の絵カード（掲示用）
・学校の生活時刻表（掲示用）

本時の言語活動のポイント

　本時の最終活動は、「好きな時刻とその理由を発表する」活動である。本時までに、どれだけ自分の言葉や表現で伝えたいと思うことをもたせられるかが、ポイントとなる。

　また聞く側が、なんとなく聞くだけにならないように、5人程度発表が終わったところで、子供の発表についてのクイズを教師が出すなど、聞く意欲も高めていきたい。振り返りクイズは、どれだけ聞き取れていたか、理解できていたかについても確認したい。

「話すこと［発表］」の記録に残す評価

◎最終活動で、自分のお気に入りの時刻と理由を発表する活動では、自分のことを知ってもらったり、相手のことをよく知ったりするために相手に伝わるように工夫して話すことができているか、話そうとしているかを三観点から見取り、記録に残す評価をする。
・〈行動観察・子供の作品・振り返りカード〉

本時の展開 ▷▷▷

1　Let's Chant "What time is it?" をする

　4人を1つのグループにして、Calling Game【時刻＆行動編】である。前回と違い、今回は、時刻はその場で言われ、即興で It's "〜 Time" と答えなくてはいけない。難易度が少し高いため、"〜 Time" の例示を掲示しておくと子供の助けになるであろう。

2　自分の好きな時刻と理由を紹介する

　自分のお気に入りの時刻と理由を発表する。自分のお気に入りの時刻やその理由をこれまでに慣れ親しんだ語句や表現を用いて、他教科等で学んだことも生かしながら、相手に伝わるように工夫している様子を見取るようにする。

2 自分の好きな時刻と理由を紹介する

活動のポイント ：合間合間に、発表に関するクイズを入れながら進めていく

3 友達の発表をもとにクイズに答える

　友達の発表を聞いて終わりににするのではなく、どれだけ聞き取れているか、理解できているか、確かめる意味でも、発表の合間に、教師がクイズを出題し、能動的に聞くことの大切さに気付くことができるようにする。

4 本時の振り返りをする

　自分が発表するときの工夫点や友達の発表の仕方や内容への気付きについて記入する。また、友達のよい点から学び、それを次時以降にどう生かすかについても記入する。

お気に入りの時刻を聞いたり
話したりする

第3時

活動の概要

登場人物のお気に入りの時刻と理由を聞く活動である。いきなり聞かせるのではなく、イラストが "〜 Time" なのかを予想させる。時刻を書き込ませるだけでなく、その理由についても丁寧に取り上げたい。また、登場人物のお気に入りの時間を参考に、子供は自分の気持ちにあった "〜 Time" を見付けていく。時刻に合わせて、想像できる "〜 Time" の例を子供たちから引き出し、ぴったりの表現を見付けていきたい。

活動をスムーズに進めるための 3 つの手立て

①教師の提示の仕方
教師の日課を紹介し、オリジナルの "〜 Time" を作っていくことに期待をもたせる。

②掲示物
子供の日課からテキストにはない "〜 Time" を子供と作り、理由も言えるようにする。

③コミュニケーション
グループの友達でお気に入りの時刻と理由を伝え合う。

活動前の教師による例示

教師の一日を紹介する。

I like 10:00 p.m.
It's "Candle Time",
It's "Relax Time",
I like candles very much.

I like 10:00 p.m. on Wednesday.
It's "Smile Time".
It's "Enjoy Time",
I like comedy shows very much.

活動前のやり取りのポイント

教師の日課を紹介する中で、オリジナルの "〜 Time" を作っていく期待をもてるようにする。次の Let's Listen では、"〜 Time" とその理由について説明している場面を聞き、自分の好きな時間や理由について伝えたいことを整理する。その後、子供の習い事や好きな遊びについての絵カードを用意して、既習事項の表現の復習をし、好きなことなどを伝えられるようにする。

　自分の好きな時刻に合わせ、お気に入りの "〜 Time" を名付けていく活動である。同じ活動（テレビを見る等）を選んだ子供を取り上げ、それぞれが違う "〜 Time" を付けていることを紹介し、オリジナルの表現を考える楽しさを味わわせていきたい。一方、同じ "〜 Time" を付けたとしても、時刻が違ったり理由が違えばオリジナルであることを伝える。

活動後のやり取り例

T：What time do you like?

C：It's 7:00 p.m.　It's "Relax Time",
　　I like "Bath Time".

T：Good, me, too.

C：How about you? What time do you like?

T：It's 7:00 p.m. It's "Dinner Time",
　　I like fish very much.

T：Oh! I like *sushi*, too.

活動後のやり取りのポイント

第4時の発表に向けて、自分の言いたいことにぴったりの表現を見付けることが本時のねらいである。友達の "〜 Time" を聞き、同じ "〜 Time" を選んだとしても、その理由が違えば自分の表現になることを伝える。自分の好きな時間が伝わるようにぴったりの表現を見付けてほしい。

Do you have a pen?

（4 時間） 【中心領域】聞くこと、話すこと [発表]

単元の目標

・おすすめの文房具セットを作る参考にするために、世界の子供たち、学校の先生や友達の文房具など、持ち物についての話を聞いたり、おすすめの文房具セットについて相手に伝えられるように工夫しながら学校で使う物や持ち物について話したりする。

第 1 時	第 2 時
第 1 小単元（導入）	第 2 小単元（展開①）
文房具などの学校で使う物や持ち物の言い方を知り、単元のゴールへの見通しをもつ。	文房具などの学校で使う物や持ち物について聞いたり話したりする表現に慣れ親しむ。
1　文房具などの学校で使う物や持ち物の言い方を知ろう ①文房具などの言い方を知る 　教師の持ち物紹介により本単元の題材を知る。テキスト紙面を見てどのような物があるかを発表し、文房具などの言い方を知る。 ②キーワードゲーム 　文房具などの言い方に慣れる。 ③ Let's Watch and Think 1 　映像を視聴し、何がいくつあるか聞き取り発表する。I have 〜./I don't have 〜. を使って自分の持ち物について言ってみる。 ④ I spy ゲーム 　教師が言う色や形状をヒントに、子供は文房具や教室内にある物を答え、それについて子供たちとやり取りをする。	2　文房具や持ち物について聞いたり言ったりしよう ① Let's Chant 　持っているかどうかを尋ねる言い方を知る。 ②カード・デスティニーゲーム 　表現に慣れ親しむ。 ③ Let's Listen 　筆箱の中身を聞いて、誰の筆箱かを考える。教師から子供たちの筆箱やその中身について Do you have a red pen? などと尋ね、子供と自分の持っている物についてやり取りをする。 ④ゲッシング・ゲーム 　袋の中に入っているカードは何かを尋ね合い、持っているかどうかを尋ねたり答えたりする表現に十分慣れ親しむ。

本単元について

【単元の概要】

　本単元では、文房具などの身の回りの物の言い方や、持っているかどうかを尋ねる表現を知り、世界の子供の持ち物を聞いたり、友達と持っている物を尋ね合ったりする。子供たちにとって身近な文房具を扱うため、親しみやすい題材であり、興味をもって取り組むことができるだろう。単元の終末には、友達とお店屋さんごっこの要領でやり取りして、身近な人のためにおすすめの文房具セットを作り、紹介し合う。贈りたい人の好みや持ち物を考えて、喜んでもらえる文房具セットにしようと目的や場面を明確にすることで、子供たちはより主体的に活動すると考えられる。

【本単元で扱う主な語彙・表現】

《語彙》

have, glue stick, scissors, pen, stapler, magnet, marker, pencil sharpener, pencil case, desk, chair, clock, calendar

《表現》

Do you have 〜? Yes, I do. / No, I don't. I have 〜.
I don't have 〜. This is for you.

《本単元のクラスルーム・イングリッシュ》

How many pencils do you have?
Let's play the "Card Destiny game".
I spy with my little eyes something blue.
Let's guess.
Listen carefully.

単元の評価規準

[知識・技能]：文房具などの学校で使う物や持ち物の言い方や、I have / don't have 〜? Do you have 〜? Yes, I do. / No, I don't. の表現を聞いたり、それらを用いて、文房具や持ち物などについて、話したりすることに慣れ親しんでいる。

[思考・判断・表現]：持ち物についての話を聞いたり、おすすめの文房具セットについて相手に伝わるように工夫しながら、文房具などの学校で使う物や持ち物について話している。

[主体的に学習に取り組む態度]：おすすめの文房具セットについて相手に伝わるように工夫しながら、文房具などの学校で使う物や持ち物について話そうとしている。

第3時	第4時
第3小単元（展開②）	第4小単元（まとめ）
おすすめの文房具セットを作る参考にするために、持ち物などの話を聞いたり話したりする。	相手に伝わるように工夫しながら、文房具などの学校で使う物や持ち物について紹介する。
3 文房具や持ち物についての話を聞いたり話したりしよう ① Let's Chant 　本単元で用いる表現に慣れ親しむ。 ② Let's Watch and Think 2 　世界の子供たちが鞄の中の物について話す映像を視聴し、気付いたことをテキストに記入する。 ③誰の文房具セットか考える 　教師や他の先生が考えた文房具セットのイラストから、誰の文房具セットかを考える。 ④ Let's Play 2 　文房具セットを作る。	4 おすすめの文房具セットを紹介しよう ①文房具セットを作る 　身近な人のために文房具セットを作ることを告げ、教師の作った文房具セットを紹介する。 ②文房具セットを完成させる 　ALTとカードの集め方のデモンストレーションを行い、活動の方法を伝える。 　子供たちは集めたカードを使っておすすめの文房具セットをつくる。 ③文房具セットを紹介する 　作成したおすすめの文房具セットを紹介する。 ④本時の振り返り

【主体的・対話的で深い学びの視点】

　本単元で扱う I have 〜. I don't have 〜. Do you have 〜? の表現は、日常生活でも実際に使うことが多い。導入の際には教師同士が文房具等の実物を使ってやり取りすることで、子供たちは使用場面や意味が容易に理解できるだろう。教師からの質問に答えたり、友達とペアで尋ね合ったりしながら、子供たちが自然と表現に慣れ親しむ活動をくり返し設定したい。

　様々な活動を通して「聞きたい」「話したい」という意欲を高め、身近な人のために作った文房具セットを、相手に伝わるように工夫しながら紹介しようとする子供たちの姿につなげられるようにする。

【評価のポイント】

　第3時の Let's Watch and Think 2 では、世界の子供たちが鞄の中の物について話している映像を視聴し、気付いたことをテキストに記入する。つぶやきや発言など視聴している様子を見取り、テキストの記載内容と合わせて、記録をしておく。また、Let's Play 2 では、ペアでやり取りし文房具セットを作る活動の状況を観察し、次時の活動に向けて個別に支援をしたり、全体で指導をしたりする。

　第4時には、I have 〜. などの表現を使い、身近な人のために作ったおすすめの文房具セット紹介する様子を見取り、記録をする。

本時の目標

文房具などの学校で使う物や持ち物の言い方を知る。

準備する物

- ・デジタル教材
- ・振り返りカード
- ・文房具などの絵カード（掲示用）
- ・導入に使うかばんや文房具などの実物

本時の言語活動のポイント

Let's Watch and Think 1 のねらいは、映像を視聴し、何がいくつあるかを聞き取ることだが、ただ聞くだけの活動に終始せず、活動の前後に子供とのやり取りを入れることで、生きた言語活動となる。

導入の場面や I spy ゲームでも同様に、子供たちが持っている物について尋ねたり子供たち一人一人に答えさせたりしながら活動を進めるようにする。活動の方法を工夫することで、子供たちが主体的に学ぼうとする言語活動を設定することが可能となる。

【「聞くこと」の指導に生かす評価】

◎本時では、記録に残す評価は行わないが、目標に向けて指導を行う。子供の学習状況を記録に残さない活動や時間においても、教師が子供の学習状況を確認する

・Let's Watch and Think 1 の映像を視聴し、何がいくつあるかを聞き取る活動等を中心に見取る。

本時の展開 ▷▷▷

1 「何を持っているのかな？」 文房具などの言い方を知る

教師が実物を使ったやり取りをして、文房具などの言い方を導入した後、絵カードを使ってくり返して言う。ノート、マーカー等日本語でもよく似た言い方をするものが多いため、子供たちが日本語と英語の違いを意識できるように留意する。

2 キーワードゲームをする

子供たちはペアになり、教師の言った単語をくり返す。キーワードを言ったらくり返さず、ペアの子よりも早く、机の上にある消しゴムを取る。キャッチゲームやダイナソーゲームなど消しゴムを使わない方法も可能である。英語にしっかり言い慣れるようにする。

1 「何を持っているのかな？」文房具などの言い方を知る

活動のポイント ：教師の会話から自然な形で文房具などの言い方を知る

〈授業の導入場面〉
（教師が ALT のかばんを指さしながら）
T：～ *sensei*, is this a new bag?
ALT：Yes, this is my new bag.
T：It's nice. What do you have in your bag?
ALT：（子供たちに向かって）Please guess.
　　　What do I have in my bag?
C：（予想して答える）ふでばこ！
ALT：Yes, that's right.
　　　I have a pencilcase.
　　　（かばんの中から筆箱を取り出す）
T：（黒板に筆箱の絵カードを貼る）

3 Let's Watch and Think 1
聞き取ったことを発表する

　テキストの画面を提示して、What can you see? と問いかける。子供たちはテキストにある物や数をそれぞれに発表する。その後映像を視聴することで、文房具の言い方や数に注意して聞き取ることにつながる。また How many pencils? と子供の持ち物について尋ねてもよい。

4 I spy ゲームをする
本時の振り返りをする

　教師は教室内にある物を1つ選び、その色や形状を I spy with my little eyes…something red. などと言う。子供はそれをヒントに該当する物を答え、教師が選んだ物を当てる。慣れてきたら、代表の子供にヒントを出させてもよい。

第2時　文房具や持ち物について聞いたり話したりしよう

本時の目標

　文房具などの学校で使う物や持ち物について聞いたり話したりする表現に慣れ親しむ。

準備する物

- ・デジタル教材
- ・児童用絵カード
- ・振り返りカード
- ・文房具などの絵カード（掲示用）

本時の言語活動のポイント

　本時では、カード・デスティニーゲームやゲッシング・ゲームを通して、持っている物を尋ねたり答えたりする表現に慣れ親しませる。その際には、教師の後をくり返して発話するような練習だけに留まらず、本当のことを話す言語活動の時間にすることが望ましい。

　また、全体の活動からグループでの活動へと変化させながら、くり返し表現を聞いたり言ったりする機会を設け、単元終末では子供たちが自信をもって紹介できるようにする。

「話すこと［発表］」の指導に生かす評価

◎本時では、記録に残す評価は行わないが、目標に向けて指導を行う。子供の学習状況を記録に残さない活動や時間においても、教師が子供の学習状況を確認する
・カード・デスティニーゲーム等で、持っている物を尋ねたり答えたりしている活動を中心に見取る。

本時の展開　▷▷▷

1　Let's Chant "Do you have a pen?" をする

　教師の話から、持っているかどうかを尋ねる言い方を知り、チャンツを通して新しい表現に慣れ親しむ。教師が尋ねるパートのみ、子供たちが答えるパートのみを言って会話のようにしたり、学級を半分に分けて向かい合って尋ね合ったり等、進め方を工夫する。

2　カード・デスティニーゲームをする

　子供は、テキスト巻末のカードの中から自分の筆箱に入れようと思うものを5種類選んで持つ。教師が Do you have ～? と全体に尋ね、そのカードを持っていた子は Yes, I do. と言いながら、カードを机の上に出す。持っていない子は No, I don't. と答える。5枚全てのカードが手元になくなったら終わり。

4 ゲッシング・ゲームをする

活動のポイント ：活動方法や形態の工夫で、表現に慣れ親しませる

〈教師と全体で〉　　　　　　　　〈代表の子供が前に出て〉

〈グループで〉

教師や代表の子供が選んで袋に入れている絵カード（または文房具などの実物）を何が入っているか予想して、当てる。全体で言うことに慣れてきたら、4人程度のグループで活動する。絵カード（実物）を選ぶ子供は順に交代することで、やり取りを楽しみながら、何度も尋ねたり答えたりすることができる。

3 Let's Listen
誰の筆箱かを考えよう

I have one ruler, one glue stick, …

活動の前に、教師が子供の筆箱やその中身について、What do you have in your pencil case? Do you have a red pen? などと尋ね、やり取りをしておく。「それでは登場人物はどんな物を持っているんだろう」と投げかけ、興味を高めてから音声を聞くとよい。

4 ゲッシング・ゲームをする

Do you have a ruler?

Yes, I do.

4人グループの内、1人が小カードの中から3～5枚を選び、袋に入れる。残りの3人は、袋の中のものを予想し Do you have ～? と尋ねる。入っていたら、Yes, I do. と答えて取り出す。なければ No, I don't. と答える。入っている物が全部当たったら、順に交代する。

文房具や持ち物についての話を聞いたり話したりしよう

本時の目標

おすすめの文房具セットを作る参考にするために、持ち物などの話を聞いたり話したりする。

準備する物

- ・デジタル教材
- ・児童用絵カード
- ・文房具セットのイラスト（掲示用）
- ・振り返りカード
- ・文房具などの絵カード（掲示用）

本時の言語活動のポイント

Let's Watch and Think 2 では、世界の子供たちがかばんの中身について話している。事前に子供のかばんの中身を尋ねたり、世界の子供たちのかばんの中身を予想させたりして、興味を高めてから映像を視聴させることで、子供の気付きや発見が促される。テキストに気付いたことを記入し発表する活動だが「アメリカは給食がないのかな」「毎日、教科書は持っていかないんだ」といったつぶやきも共有し、「聞くこと」によって新しい発見が生まれる楽しさを感じさせたい。

「聞くこと」の記録に残す評価

◎文房具などの学校で使う物や持っている物を表す表現を聞くことに慣れ親しんでいる。（知・技）
◎おすすめの文房具セットを作る参考にするために、持ち物についての話を聞いて意味が分かっている。（知・技）〈行動観察・テキスト記述分析・振り返りシート点検〉
・Let's Watch and Think 2 を視聴し、世界の子供たちの持ち物について聞く活動等を中心に見取る。

本時の展開 ▷▷▷

1 Let's Chant "Do you have a pen?" をする

世界の子供たちの話を聞いたり、誰の文房具セットかを聞いて考えたりする活動のために、チャンツを通して十分に表現に慣れ親しませておく。慣れてきたら代表の子供が前に出てやり取りをしたり、リズムのみで自由に文房具を変えたりすることも可能である。

2 Let's Watch and Think 2 聞き取ったことを発表する

ランドセルは持ってないんだ

聞いた内容を理解したり、その場で記述したりすることには個人差があると考えられる。最初の動画を視聴した後に、気付いたことを発表させたり、数名のテキストの記述を紹介したりすることで、次の動画を視聴する際の参考にすることができるだろう。

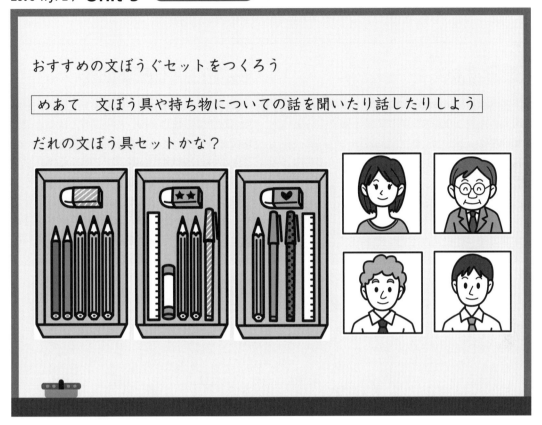

3 誰の文房具セットか考える

　教師や他の先生が考えた文房具セットのイラストをいくつか用意する。教師が I have 〜. とヒントを出し、子供たちはそれが誰の物かを予想する。子供たちにとって身近な先生が考えた文房具セットにしたり、先生の顔写真を用意したりすると、より興味を高めて聞く姿が見られる。

4 Let's Play 2　文房具セットを作る

　ペアになり、1人が文房具カードを紙面において文房具セットを作り、相手にそれを伝えて同じ文房具セットを完成させるようにする。できたら交代して、同様に相手が作った文房具セットを完成させる。本時で自信をもってやり取りしておくことが、次時の活動へとつながる。

おすすめの文房具セットを紹介しよう

本時の目標

　おすすめの文房具セットについて相手に伝わるように工夫しながら、学校で使う物や持ち物を紹介する。

準備する物

- ・デジタル教材
- ・振り返りカード
- ・文房具などの絵カード（掲示用）
- ・文房具セットのワークシート
- ・文房具カード

本時の言語活動のポイント

　文房具のカードをやり取りする際には、1人の子が全ての種類を持っているのではなく、子供によって持っている文房具の種類を変えておくとよい。Do you have ～?と聞かなければ分からない場面を設定しておくことで、尋ねる必然性が生まれる。誰のために、どんな文房具セットを作るのか、テーマを決めさせておくことで、その人の好みや趣味を考え「喜んでもらえる文房具セットを作りたい」とより意欲的に活動することが予想される。

【「話すこと［発表］」の記録に残す評価】

◎文房具などの持ち物について、I have/don't have ～. Do you have～? などを用いて、話している。（思・判・表）

◎おすすめの文房具セットについて相手に伝わるように工夫しながら、学校で使う物や持ち物を紹介している。（思・判・表）〈行動観察・ワークシート・振り返りシート点検〉

・作成したおすすめの文房具セットをグループや全体で紹介する活動等を中心に見取る。

本時の展開 ▷▷▷

1 おすすめの文房具セットを作る

　文房具のカードを集める際には、ペアで小カードを交換しう合ってもよいが、お店屋さんごっこのように、学級を2つに分けてやり取りする場を設定すると、より活動への興味を高めることができる。はじめに教師とALT、教師と子供で、やり取りのモデルを示すとよい。

2 おすすめの文房具セットを完成させる

　おすすめの文房具セットを完成させる際には、テキストに、巻末の小カードを貼る他、独自のワークシートやダウンロードした文房具カードを使って、自由に色を塗らせてもよい。子供たちがそれぞれの思いを込めて文房具セットを完成させる様子を見守りたい。

1 おすすめの文房具セットを作る

活動のポイント：誰のためにどんな文房具セットを作るか、目的意識を明確にする

〈活動の様子〉

C1・2：Hello.

C1：Do you have a red pen?

C2：Sorry. No, I don't.

C1：Do you have a notebook?

C2：Yes, I do.
　　　I have 5 notebooks.

C1：Two notebooks, please.

C2：Here you are.

C1：Thank you.

3 Activity
おすすめの文房具セットを紹介する

　本単元のまとめの活動となる。誰のためにどんな文房具セットを作ったのかを、自信をもって紹介させるためには、本活動までに十分に表現に慣れ親しませておくことも大切である。コミュニケーションを図る楽しさや喜びを感じられる時間にしたい。

4 本時の振り返りをする

　振り返りシートは、めあてに沿った自己評価をし、気付きや感想を自由に書く形式が多い。1単元で1枚に収まる形式にすることで、子供自身が単元を通した振り返りをすることが可能になる。それぞれの感想は全体で共有したり、次時への指導改善に生かしたりする。

第4時 おすすめの文房具セットを紹介する

活動の概要

本単元のまとめの活動である。本時に至るまでに、子供たちは世界の子供の持ち物を知ったり、身近な先生が作成した文房具セットを見たりしながら、誰のためにどんな文房具セットを作りたいのか、思いを高めてきている。相手意識、目的意識をはっきりさせて完成した作品を、自信を持って友達や先生に紹介させるためには、十分に表現に慣れ親しませておくことも大切となる。コミュニケーションを図る楽しさや喜びを実感させ、次単元への意欲を高めたい。

活動をスムーズに進めるための 3 つの手立て

①**デモンストレーション**
教師のおすすめの文房具セットを紹介しモデルを示す。

②**相手に伝わるように**
相手に伝わるためにはどんな工夫ができるかを意識させるようにする。

③**中間評価**
よい発表の仕方をしている子を全体で紹介し、学習改善につなげる。

活動前のやり取り例

指導者の文房具セットを紹介する

T ：Everyone, I'll show you my special set.
　　This is for ○○ *sensei*. I have a green pencil case. I have three pencils.
　　I have two red pens and one blue pen. I have three notebooks. Thank you.

ALT ：Thank you. I like green. I like this pencil case. Do you like green?

C 1 ：Yes, I like green and blue.

T ：Oh! Me, too. I like blue, too.

活動前のやり取りのポイント

T・Tでデモンストレーションを行う場合には、話すモデル、聞くモデルの両方を示すことができる。相手に伝わるようにするためには、話す側はどんな工夫ができるのか、聞く側はどんな姿勢で聞けばよいのかを、全体で確認しておくことで、その後の活動がスムーズに進む。活動中は中間評価でよい見本となる発表や支援が必要な子供の姿を見取るようにする。

活動のポイント

　4年生の子供たちは既習語句や表現が限られており、「おすすめの文房具セット」に込めた自分の思いや考えを、英語で伝え切れないことも考えられる。ワークシートにそれを日本語で書くスペースを設けておくことで、教師は活動中には見取れない子供の思いを知ることができる。「工作好きの友達のために」「大好きなALTのために」「絵が上手なおばあちゃんのために」等、子供たち一人一人が誰かのことを思って完成させた作品を、大切に紹介し合える時間にしたい。

 メイン活動

〈子供の作成した文房具セットの例〉

活動中・活動後のやり取り例

グループでの発表の後、全体の前で数名が発表する

C1：This is for my sister.
　　　I have a pink pencil case. I have four pencils, one red pencil and one blue pencil.
　　　I have two notebooks. Pink notebook and Orange notebook. Thank you.
C：（拍手）※日本語で感想を言ってもよい。
T：It's a wonderful set for your sister!
　　○○ *chan* likes dogs?
C1：Yes.
T：○○ *chan* likes it! Thank you.

活動中・活動後のやり取りのポイント

「みんなに伝えてよかった」と、コミュニケーションを図る楽しさや喜びを実感させる活動にするためには、活動中や活動後に指導者が子供たちとどのように関わるかが大切である。簡単な英語でやり取りをするだけでなく、相手に伝えるために言い方を工夫したり、表情やジェスチャーも加えて伝えようとしたりした姿を、活動中に見取り、全体の前で取り上げるとよい。

Unit 6 Alphabet

4時間 【中心領域】聞くこと、話すこと [やり取り]

単元の目標

・身の回りには活字体の文字で表されているものがあることに気付き、活字体の小文字とその読み方に慣れ親しむとともに、身の回りにある小文字クイズを出したり答えたりし、相手に配慮しながら、アルファベットの小文字について伝え合おうとする。

第 1 時	第 2 時
第 1 時（第 1 小単元）導入	第 2 時（第 2 小単元）展開①
身の回りの活字体の小文字に気付くとともに、活字体の小文字とその読み方に慣れ親しむ。	活字体の小文字とその読み方に慣れ親しむ。
1　身の回りのアルファベットを探そう ① Let's Watch and Think 　身の回りにある看板や表示を見て、アルファベットの小文字に出合う。 ② Let's Sing 　音楽に合わせて歌う。 ③ ポインティングゲーム 　個人で行う。指導者の後について文字の名称を言う。 ④ ミッシング・ゲーム	2　小文字に慣れ親しもう① ① Let's Sing／Let's Chant 　音楽に合わせて歌う。 ② Let's Play　1 　紙面にある街のイラストからアルファベットの小文字を探して指さす。 ③ Let's Play　2 　紙面の周りにある小文字を使っておはじきゲームをする。 ④ マッチング・ゲーム 　大文字と小文字を対応させる。

本単元について

【単元の概要】

　アルファベットの小文字に出合う単元である。機械的に小文字を教えるのではなく、身の回りには多くのアルファベットの文字があることに気付かせながら出合わせるようにする。そして、第 3 学年で学習した大文字の形と比較し、その特徴についても認識を深めるようにする。

　前単元 Unit 5 では、Do you have 〜? を用いたやり取りを行った。本単元でも、それらの表現を用いて、小文字カードについてやり取りをする。

　これまでに慣れ親しんだ表現を使って、小文字クイズを作ったり答えたりし、目的をもったコミュニケーションを通して小文字に慣れ親しませる。

【本単元で扱う主な語彙・表現】

《語彙》

小文字（a〜z）, letter, try, again, bookstore, juice, news, school, station, taxi, telephone

《表現》

What's this? Hint, please. How many letters? I have (six). Do you have (a "b")? Yes, I do. / No, I don't. Tha's right. Try again.

《本単元のクラスルーム・イングリッシュ》

Open your textbook page 24 and 25.
Very good. Guess. Good question.
Write the numbers in the squares.

[知識・技能]：活字体の小文字とその読み方や How many letters? I have（six）. などを用いて、尋ねたり答えたりすることに慣れ親しんでいる。

[思考・判断・表現]：小文字クイズを出したり答えたりするために、相手に分かりやすいように工夫しながら、アルファベットの小文字について、伝え合っている。

[主体的に学習に取り組む態度]：小文字クイズを出したり答えたりするために、相手に分かりやすいように工夫しながら、アルファベットの小文字について、伝え合おうとしている。

第3時	第4時
第 3 時（第 3 小単元）展開②	第 4 時（第 4 小単元）まとめ
身の回りにあるアルファベットの文字について尋ねたり答えたりする。	相手に配慮しながら、アルファベットの小文字について伝え合おうとする。
3　小文字に慣れ親しもう② ① Let's Sing／Let's Chant 　音楽に合わせて歌う。 ②アルファベット文字並べ 　友達とアルファベットカードを順に並べる。教師が指定したカードを取り教師に見せる。 ③ Let's Listen 　テキスト p.22、23を見ながら Who am I? クイズを聞いて、それがどの看板や表示かを考えて答える。次に、Let's Listen の音声を聞いて、紙面にあるどの看板や表示かを考えて記入する。 ④アルファベット文字クイズ 　ペアで身の回りのアルファベット文字クイズをする。	4　小文字ゲームをしよう ① Let's Sing 　音楽に合わせて歌う。 ② Let's Chant 　"Alphabet Chant" を行う。 ③ Activity　1 　ペアになって文字について尋ね合い、相手の表示を考えて答える。 ④ Activity　2 　テキストの10色の中から好きな色を 1 つ選び、ペアになって文字について尋ね合い、相手の色を考えて答える。

【主体的・対話的で深い学びの視点】

　日本語のひらがなとカタカナで、似ている文字（例：「う」「ウ」）とそうではない文字（例：「あ」「ア」）がある。同じことがアルファベットの大文字と小文字にも当てはまる。このようなことに、子供が気付くようなしかけを大切にしたい。

　文字の高さが全て同じ大文字と比べ、いろいろな高さのある小文字の認識は難しい。そこで、子供たちが間違えそうな小文字（「p」「q」）については、意図的に何度も「見る」「言う」をくり返した上で、Activity を行うことで、安心感をもって主体的に取り組むことができるようにする。

【評価のポイント】

　第 1・2 時では 目標に向けての指導は行うが、評価の記録は残さない。

　第 3 時ではアルファベット文字並べで、教師の指定したカードを探す活動を行い、「聞くこと」（知識・技能）について記録に残す評価をする。

　第 4 時では、Activity でイニシャルカードを集める活動を通して、「話すこと [やり取り]」（思考・判断・表現）に、さらに、自分のイニシャルを紹介する活動を通して、「話すこと [発表]」（知識・技能）について記録に残す評価をする。

身の回りのアルファベットを探そう

本時の目標

　身の回りの活字体の小文字に気付くとともに、活字体の小文字とその読み方に慣れ親しむ。

準備する物

- ・身の回りの看板等の写真
- ・小文字カード（提示用）
- ・振り返りカード

本時の言語活動のポイント

　活字体のアルファベットの小文字を用いた活動は、単なる練習の活動で終わってしまいがちである。そこで、子供たちが思わず a や g のように、アルファベット文字を思わず「見たい・言いたい」となるような活動を仕組むことが大切になる。その際、What's this? や Where is "a" in this picture? のように、簡単なクラスルーム・イングリッシュを用いて、子供とやり取りするとよい。目的をもった活動を通して、小文字に慣れ親しませることが大切である。

【「聞くこと」「話すこと［やり取り］の指導に生かす評価】

◎本時では、記録に残す評価は行わないが、目標に向けて指導を行う。記録に残す評価を行わない活動や時間においても、教師が子供の学習状況を確認する。

・小文字の形と（名前の）読み方に十分に慣れ親しませるようにする。

本時の展開 ▷▷▷

1 Let's Watch and Think
アルファベットの小文字に出合う

　身近にあるお店の看板やお菓子のパッケージの写真を用いたスライドを活用し、文字の一部を隠し、What's this? と尋ね、小文字に出合う活動を行う。その後、Let's Watch and Think を視聴し、身の回りには様々な小文字があることに気付けるようにしていく。

2 Let's Sing
"ABC Song" を歌う

　提示用のアルファベットの小文字カードを黒板に提示し、文字と名称を確認する。そして、音声教材を聞かせ、アルファベット順に黒板に掲示した小文字カードを指し示しながら、一緒に歌う。慣れたら、少しずつスピードを速め、楽しく歌う。

3 ポインティング・ゲームをする

　活動のポイント　：教師は子供の状況に合わせ、小文字カードを見せる

※テンポは、子供の状況を見ながら進める。
※子供が難しそうにしている文字は、何度かくり返して行う。

3 ポインティングゲームをする

　テキスト p.22、23 の周りにある小文字を使って、ポインティングゲームをする。教師が文字の名称を言う、あるいはデジタル教材を使って名称を聞かせてもよい（bとq、pとqなど）。子供にとって判断が難しそうな小文字は何度もくり返す。

4 ミッシング・ゲームをする

　1〜8枚の小文字カード（提示用）用いた活動である。まずは、その読み方を確認しながら黒板に掲示する。次に、子供に目を閉じさせ、教師がカードを1〜2枚抜く。そして、目を開け、なくなったカードが何か発表する。

小文字に慣れ親しもう①

本時の目標

活字体の小文字とその読み方に慣れ親しむ。

準備する物

・小文字カード（提示用）
・小文字カード（児童用）
・振り返りカード
・大文字カード

本時の言語活動のポイント

第1時と同じように、そこで、子供たちが思わずアルファベットの文字を見たり、聞いたり、言ったりしたくなるような活動を仕組むことが大切である。

身の回りからアルファベットの小文字を見付け、その読み方とともに発表させるというように、目的をもった活動を通して、小文字に慣れ親しませ、いつのまにか小文字の形とその読み方を一致させることができるようになっているのが理想である。

■【「聞くこと」「話すこと［やり取り］」の指導に生かす評価】
◎本時では、記録に残す評価は行わないが、目標に向けて指導を行う。記録に残す評価を行わない活動や時間においても、教師が子供の学習状況を確認する。
・小文字の形と（名前の）読み方に十分に慣れ親しませるようにする。

本時の展開 ▷▷▷

1 Let's Sing "ABC Song"
Let's Chant "Alphabet Chant"

まずは、小文字カードを確認しながら、黒板に掲示する。次に、前時に歌った "ABC Song" をみんなで歌う。そしてチャンツを聞く。みんなでチャンツを数回くり返し、小文字の形と名称に慣れ親しむ。

2 Let's Play 1
アルファベット文字さがしをする

"TAXI" があったよ

テキスト p.22、23のパノラマを開かせ、街にあるものについて自由に発表する。そのやり取りの中で、アルファベットの小文字が隠れていることに気付いた子供の意見を取り上げ、本活動へ入る。筆記体への気付きも共有したい。

4 マッチング・ゲーム

活動のポイント：大文字と小文字を丁寧にマッチングさせる

※大文字と小文字を比較させ、似ているもの・似ていないものなどについて気付きを共有する。

---

3 Let's Play 2
おはじきゲームをする

　テキスト p.22、23を囲むように記されている小文字の中から5つ選び、その上におはじきを置く。教師は小文字カードを10枚持つ。子供が Do you have a ～？ と尋ね、教師が Yes, I do. I have a ～. /No, I don't. Sorry. と答え、Yes, I do. と答えた小文字の上のおはじきを取る。

4 マッチング・ゲーム
大文字と小文字を対応させる

　大文字（提示用）を黒板にアルファベット順に並べながら、子供と一緒にその名称を言う。教師用カード（小文字）を大文字の下にマッチングさせていく。次に個人やペアで行う。教師は個に応じて支援する。

第3時 小文字に慣れ親しもう②

本時の目標

身の回りにあるアルファベットの小文字について尋ねたり答えたりする。

準備する物

・大・小文字カード（提示用）
・大・小文字カード（児童用）
・振り返りカード

本時の言語活動のポイント

アルファベット並べでは、Do you have ～? Yes, I do. No, I don't. を用いて、カードを持っているグループとカードをもらいにくるグループでやり取りをする。それらの表現は Unit 5 の既習表現であり、前時でも用いているが、子供の実態により、必要に応じてチャンツで慣れ親しむようにすることも考えられる。Let's Listen は、ただ聞くだけでは聞き取りテストになってしまう。そこで、活動への主体性を高めたり、聞く必然性をもてるようにすることが大切である。

【「聞くこと」の記録に残す評価】

◎小文字の読み方について、どの文字かを考えながら聞いている。（知・技）
・教師が指定したカードを探している様子を観察し、評価の記録をする。

本時の展開 ▷▷▷

1 Let's Sing "ABC Song" Let's Chant "Alphabet Chant"

第 1 時、第 2 時で Let's Sing と Let's Chant でアルファベット順に文字に慣れ親しんできた。本時では「音声なし」に設定し、a からではなく、h から歌ったり、o や v から歌ったりすることに挑戦する。スピードを変えながらくり返すとよい。

2 アルファベット文字並べをする

児童用テキストの巻末アルファベット文字カードをペアに一組配付する。ペアで協力しながらカードを机上に a～z の順に並べる。子供の実態に応じて、z から a へと逆に並べるなど、難易度を上げてもよい。その後、教師の指定したカードを取って、教師に見せる。

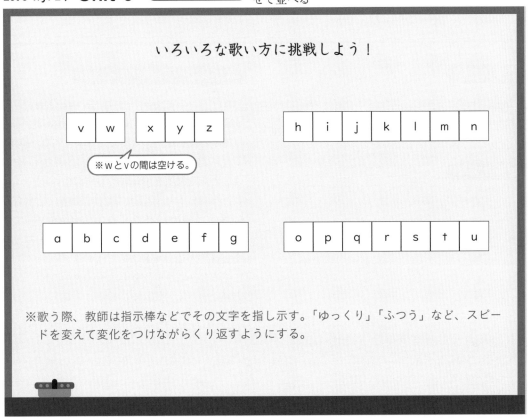

いろいろな歌い方に挑戦しよう！

| v | w | x | y | z |

※wとvの間は空ける。

| h | i | j | k | l | m | n |

| a | b | c | d | e | f | g |

| o | p | q | r | s | t | u |

※歌う際、教師は指示棒などでその文字を指し示す。「ゆっくり」「ふつう」など、スピードを変えて変化をつけながらくり返すようにする。

3 Let's Listen "Who am I?" クイズをする

TAXI！

音声を聞いて Who am I? クイズをする。まず、1問目は、1文ずつ止めて聞かせるなど、子供が「分かった」という達成感をもてるように聞かせ方を工夫する。このクイズを参考に、テキスト p.22、23にある街全体のイラストを使って同様の活動を行ってもよい。

4 アルファベット文字クイズをする

What's this?

"y"

教室内にあるものや、子供の文房具、洋服等の中からアルファベットの小文字を見付ける。それらを用いてクイズを行う。What's this? と小文字の読み方を尋ねたり、その小文字を指で隠して当てたりするなどの方法がある。

第4時　小文字ゲームをしよう

本時の目標

相手に配慮しながら、アルファベットの小文字について伝え合おうとする。

準備する物

- ・小文字カード（提示用）
- ・小文字カード（児童用）
- ・振り返りカード

本時の言語活動のポイント

Activity 1 では、ペアで Do you have ～? Yes, I do. I have ～. No, I don't. を用いて相手の選んだ標示を当てるやり取りをする。子供の実態に応じて、テキスト p.22、23の街のイラストにある標示を用いて行ってもよい。

Activity 2 では、題材を色に限定し、Activity 1 と同様の活動を行う。本活動においても、子供の実態に応じて、テキスト p.18、19（Unit 5）を用いて行うこともできる。

このように、目的をもった活動を通して、小文字にくり返し慣れ親しんでいく。

【「話すこと［やり取り］」の記録に残す評価】

◎相手の選んだ標示や色を当てるために、相手に伝わるように工夫しながら、小文字について尋ねたり答えたりしている。（知・技）

・やり取りをしている様子を観察し、評価の記録をする。

本時の展開　▷▷▷

1 Let's Sing "ABC Song" を歌う

第1～3時で Let's Sing でアルファベットの小文字に慣れ親しんできた。本時でも前時と同様、「音声なし」に設定し、a からではなく、h から歌ったり、o や v から歌ったりすることに挑戦する。さらに、a～z の小文字カードを黒板にランダムに掲示し、その順で歌う。

2 Let's Chant "Alphabet Chant" をする

第2・3時で Let's Chant でアルファベットの小文字に慣れ親しんできた。本時では「音声なし」に設定し、a からではなく、h から歌ったり、o や v から歌ったりすることに挑戦する。さらに、a～z の小文字を黒板にランダムに掲示し、その順で歌う。

3 Activity1：ペアで文字を当て合う

活動のポイント ：くり返し行い、小文字に慣れ親しむ

《※電子黒板でp.25を投影する》

3 Activity 1
ペアで文字を当て合う

ペア（子供AとB）になり、Aはテキストにある5つの標示の中から1つ選ぶ。BがDo you have ～? と尋ね、Aは選んだ標示にその文字が含まれているかどうかを Yes, I do./No, I don't. で返答する。Bはその答えからAが選んだ標示を考えて答える。相手を替えてくり返す。

4 Activity 2
レベルを上げ、文字を当て合う

デジタル教材の「あやめ」と「れん」のやり取りのモデルを聞いてから行う。Activity 1より難しくて、当てる側の質問回数を限定するなど、意欲をもって尋ね合うことができるように、子供の実態に合わせてルールを工夫する。相手を替えて何度もくり返す。

第2時 マッチング・ゲーム

活動の概要

大文字と小文字をマッチングさせ、形の特徴を比較する。児童用テキスト巻末の大文字と小文字のカードを用いて行う。A〜Z の大文字と a〜z の小文字を全て扱うと数が多いため、A〜G（a〜g）、H〜N（h〜k）、O〜U（o〜u）、V〜G（v〜g）の4回に分けて行う。それぞれの組で大文字を小文字をマッチングさせた後は、大文字と小文字の形を比較させ、気付きを共有する。

活動をスムーズに進めるための3つの手立て

①マッチング（全体）
教師と子供で、黒板で A〜G と小文字 a〜g のマッチングを行う。

②比較
大文字と小文字の形を比較する。

③マッチング（個人）
大文字 A〜G と小文字 a〜g のマッチングを個人で行う。これを4組行う。

活動前のやり取り例

＊小文字について扱う前に、大文字の読み方について確認する。

大文字カードを一枚ずつ What's this? と尋ね、読み方を確認し、黒板に提示する。
T：What's this?　C：It's A　　T：What's this?　C：It's B.
T：What's this?　C：It's C.　　T：What's this?　C：It's D.
T：What's this?　C：It's E.　　T：What's this?　C：It's F.
T：What's this?　C：It's G.
黒板に提示された大文字をランダムに What's this? と尋ね、読み方を確認する。

活動前のやり取りのポイント

黒板に A〜G の大文字カードを一枚ずつ "What's this?" と尋ね、提示する。その後、小文字カードを一枚ずつ What's this? と尋ね、形を比較しやすいように大文字カードの下に提示する。

　　黒板に A〜G の大文字カードを提示する。その後、小文字カードを 1 枚ずつ What's this? と尋ね、大文字カードの下に提示する。A〜G と a〜g をマッチングした後は、大文字と小文字の形を比較し、そっくりなペアや少し似ているペア、似ていないペアなど、形の特徴について確認していく。その後、個人やペアでマッチングを行う。これを、A〜G（a〜g）、H〜N（h〜k）、O〜U（o〜u）、V〜G（v〜g）の 4 回に分けて行う。

メイン活動

大文字と小文字は似ているものが多いな

"Q" と "q" は形が違うね

活動後のやり取り例

＊黒板の A〜Z（a〜z）の大文字と小文字のカードを見ながら振り返りを行う。

T：大文字と小文字を比較して気付いたことは何ですか？
C：形がそっくりなペアや少し似ているペア、似ていないペアがありました。
T：形がそっくりなペアはどれですか？
C：C（c）、K（k）、O（o）、P（p）、S（s）、V（v）、W（w）、X（x）、Z（z）です。

＊同じように「形が少し似ているペア」「似ていないペア」について確認していく。

活動後のやり取りのポイント

黒板にアルファベット順に大文字・小文字カードをマッチングさせた後は、子供たちと、C と c や、K と k のように、形が似ていて分かりやすい文字を確認し、文字カードを黒板から取っていく。黒板に残ったカードについて、大文字と小文字の形を比較したり、b と d のように似ている小文字を比較したりする。その後、小文字のみで読み方を確認する。

What do you want?

（5時間） 【中心領域】聞くこと、話すこと [やり取り・発表]

単元の目標

・オリジナル給食 No. 1 を作るために、様々な食材について、ほしいものを尋ね合ったり答えたりして、相手に伝わるように工夫しながらオリジナルメニューを伝え合う。

第1時	第2時
第1小単元（導入）	第2小単元（展開①）
果物や野菜の言い表し方に慣れ親しむ。	ほしいものを尋ねたり、要求したりする表現に慣れ親しむ。
1　野菜や果物の名前を言ったり、外来語との違いに気付いたりしよう ①先生のオリジナル給食メニューの紹介を聞く 　本単元の活動の見通しとして、教師のオリジナル給食メニューを紹介する。野菜や果物の言い方を、既習の中で出会わせる "Do you like 〜?" を使い子供に好みを尋ねる。 ② Let's Watch and Think 　外国の市場の様子を視聴し、日本との相違点や共通点に気付かせ、やり取りの表現も注意して聞き、今後の活動につなげる。 ③ Let's Chant ④本時の振り返り	2　ほしいものを聞いたり、答えたりしよう ① Let's Chant 　新しい表現をよく聞くことから始め、だんだんと口に出していくようにする。ビートに合わせて What do you want? などの表現に慣れ親しむ。 ② Let's Listen 　前単元でアルファベット文字に慣れ親しんでいるので、文字に興味をもせるためにこの活動を行う。 ③自分のほしいものを言う 　本活動のねらいは、I want 〜. と You want 〜. の表現に慣れ親しむことである。 ④本時の振り返り

本単元について

【単元の概要】

　本単元では、既習表現も使いながらオリジナル給食メニュー作りをすることとした。「元気給食メニュー」などの名前を付け、色々な野菜や果物を選んで中に入れる食材への意識ももたせたい。また、実際の給食メニューとして取り上げられる可能性があるということで子供は活動への意欲を高めることだろう。

　What do you want? I want (potatoes), please. How many? (Two), please. Here you are. Thank you. という第3学年で慣れ親しんだ表現を活用することで2往復以上のやり取りをするよう設定した。

【本単元で扱う主な語彙・表現】

《語彙》

果物・野菜（vegetable, potato, cabbage, corn, cherry）

飲食物（sausage）

《表現》

What do you want? I want (potatoes), please.

How many? (Two), please. Here you are.

Thank you.

《本単元のクラスルーム・イングリッシュ》

What's this?

Do you like 〜? I like 〜.

Let's play 〜.

単元の評価規準

[知識・技能]：食材の言い方や What do you want? I want 〜. の表現を用いてほしいものについて、聞くことに慣れ親しんでいる。

[思考・判断・表現]：オリジナル給食メニューを作るために、世界の様々な食材について聞いたり、何が入っているか相手に伝わるように工夫したりしながら話している。

[主体的に学習に取り組む態度]：自分のオリジナル給食メニューについて相手に伝わるように工夫しながら、中に入っている野菜や果物について話そうとしている（聞くことは複数単元にまたがって評価を行う）。

第3時	第4時
第3小単元（展開②）	第4・5時　第4小単元（まとめ）
食材についてほしいものを尋ねたり、答えたりして伝え合う。	相手に配慮しながら、自分のオリジナル給食メニューの紹介する。
3　お店屋さんに注文して、オリジナル給食メニューを作ろう ① Let's Chant 　ビートに合わせて What do you want? などの表現に慣れ親しむ。 ②おはじきゲーム 　What do you want? と子供が尋ね、教師が I want 〜, please. と返すようにして進める。 ③オリジナル給食メニューを作る 　「元気オリジナル給食メニュー」など、作りたいオリジナル給食メニューに名前をつける。それをもとに、選ぶ野菜や果物を考える。 ④本時の振り返り	4　自分のオリジナル給食の紹介をしよう ①先生のオリジナル給食メニュー紹介を聞く 　前時に作成したオリジナル給食メニューの紹介をする。「元気になるためのオリジナル給食メニューだから、この野菜や果物を入れた」ということが伝わるように表現の工夫をする。 ②オリジナル給食メニューの紹介をしよう 　自分の給食のよさを伝えられるように工夫して表現したり、友達の紹介する給食には何が入っているのかを聞き取ったりする。 5　みんなの No.1 給食を決めよう ③みんなの No.1 給食を決める 　オリジナル給食の紹介をもとに No.1 給食メニューを決める。

【主体的・対話的で深い学びの視点】

　What do you want? は、好みを伝え合うことができる表現である。お店屋さん形式の活動を取り入れることで I want 〜, please. How many? とさらにやり取りを広げていくことができる。扱われている語彙は、野菜や果物などの外来語として既に知っているものも多い。しかし、デジタル教材を視聴することで、発言の違いに気付いたり、初めて知る食材に出合ったりすることだろう。第1時では、十分時間を取りたい。

【評価のポイント】

　本単元では子供が、お店屋さんごっこの要領で、What do you want? や I want 〜, please. などを使って、ほしいものを尋ねたり答えたりしている様子を見取り、記録をしておく。またオリジナル給食メニューの紹介をする際に、目的をもって発表しているかも記録しておく。第4時では、子供の振り返りカードをもとに、発表の仕方が分かったかどうかのチェックもしておく。発表について不安をもっている記述があった際には、休み時間などを使って支援を行う。自信をもって第5時の活動に臨めるようにすることが大切である。

第1時 野菜や果物の名前を言ったり、外来語との違いに気付いたりしよう

本時の目標

野菜や果物の言い表し方に慣れ親しみ、日本語と外国語の違いに気付く。

準備する物

- オリジナル給食メニュー紹介用絵カード（掲示用）
- 果物・野菜の絵カード（掲示用）
- 振り返りカード
- デジタル教材

本時の言語活動のポイント

1回目の Small Talk が終わった後に、伝えたかったけれど言えなかった言葉を確認する。既習事項は、学級全体で想起をする。このとき使えるようにしたい語句や表現は教師が中心となり、全体で確認をする。2回目の Small Talk は、相手を替えて同じ話題で対話する。1回目よりも慣れてきているので、自分の使いたい表現を使って笑顔でやり取りをする子供も増えることが予想される。うまく話せなかった子供も全体確認や友達が話す内容を聞いて対話を続けることを大切にする。

【「話すこと [発表]」の指導に生かす評価】

◎本時では、記録に残す評価は行わないが、目標に向けて指導を行う。子供の学習状況を記録に残さない活動や時間においても、教師が子供の学習状況を確認する。

・教師による Do you like ～? との問いに対して、好みを答える活動等を中心に見取る。

本時の展開 ▷▷▷

1 先生のお気に入りオリジナル給食メニュー紹介を聞く

教師のお気に入りのオリジナル給食メニューを紹介する。「元気カレー」などと名前を付け、具材の野菜や果物の想像させる。最終活動を見せることで、子供が学習への興味・関心を高められるようにするとともに選ばれたメニューが給食になることを知らせ、活動への意欲を高めるようにする。

2 Let's Watch and Think デジタル教材を視聴する

p.26、27に並んだ野菜や果物の名前を What do you like? などを使って出合わせていく。野菜や果物は、すでに慣れ親しんだものも多いが、やり取りを通して再度確認する。その後、世界市場の様子を視聴し、日本との相違点や共通点に気付かせ、食材に興味をもたせる。

1 先生のお気に入りオリジナル給食メニュー紹介を聞く

活動のポイント：紹介を聞く活動から子供とのやり取りにつなげる

《会話例》
※中に入っている野菜や果物について
ヒントを出しながらやり取りをする.

A：This is my original school lunch
　　"*Genki* curry and rice". It's so delicious.
　　This curry and rice makes me *Genki*!
　　What are in my curry and rice?
　　Hint 1：vegetable　Hint 2：Red Hint 3：round
B：Tomatoes!
A：That's right.
　　Next! Please guess. What are my smoothie?
　　Hint 1 …

> スプレーのり等で仮止めして、下のイラストを隠す

はがせる

3 Let's Chant
"What do you want?" をする

I want apples.

　チャンツの台詞を実演する。代表児童を店員に見立て、教師はI want 〜. でほしいものを言い、それを渡すように促す。これをくり返し、もらった絵カードを掲示し、Nice Salad. などと紹介した後、チャンツを聞く。

4 本時の振り返りをする

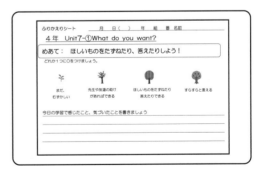

　全体での振り返りでは、子供の最終活動への期待も大切にしたい。デジタル教材を視聴したことについては、日本の文化・日本語との違いだけでなく、共通点にも気付けるようにしたい。

ほしいものを聞いたり、答えたりしよう

本時の目標

ほしいものを尋ねたり要求したりする表現に慣れ親しむ。

準備する物

・オリジナル給食メニュー紹介用絵カード
　（掲示用）
・果物・野菜の絵カード（掲示用）
・振り返りカード
・デジタル教材

本時の言語活動のポイント

前時同様、他の先生（校長先生や学年の先生たちのなど）のオリジナル給食メニュー紹介を導入時に行う。3ヒントクイズの形式で、中に入っているものを既習表現を使いながら推測したり、答えたりするようにする。子供が英語で聞いて、英語で答える機会を増やしていきたい。

【「聞くこと」の指導に生かす評価】

◎本時では、記録に残す評価は行わないが、目標に向けて指導を行う。
・p.29の Let's Listen は前単元で扱ったアルファベットの文字を取り上げる。聞く活動とともに文字への興味・関心を高めるようにする。

本時の展開 ▷▷▷

1 Let's Chant "What do you want?" をする

くり返し聞いたり、言ったりすることでビートに合わせて What do you want? I want (potatoes), please. How many? (Two), please. Here you are. Thank you. という尋ね方と答え方に慣れ親しむ。役割を決めて言うとよい。

2 Let's Listen イラストと文字を一致させる

テキスト p.29 に記された野菜などの単語の文字の言い方をまず子供と確認してから、聞く活動に入る。前単元でアルファベットの文字に慣れ親しんでいることから、興味をもって活動に取り組むことができるだろう。

3 自分のほしいものを言う

活動のポイント：まず、教師が、数名の子供とこの活動ををやってみせる。それぞれが絵カードを持つと、ルールが伝わりやすい。自分の本当の気持ちを言うようにする

---

3 自分のほしいものを言う

　例えば①I want oranges. ② You want orang-es. I want tomatoes. ③ You want tomatoes. I want potatoes. のように、前の友達が言ったほしいものを言ってから自分がほしいものを言う、というゲーム。メインフレーズに慣れ親しむことを目的に行う。

4 本時の振り返りをする

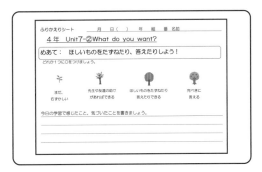

　自分がほしいものを言ったり、友達のほしいものを聞いたりしたことについて、また、アルファベットの文字の名称と文字が一致したかについて振り返りを行うようにする。

第3時 お店屋さんに注文して、オリジナル給食メニューを作ろう

本時の目標

オリジナル給食メニューを作るために、ほしいものを尋ねたり答えたりして伝え合う。

準備する物

・オリジナル給食メニュー注文用シート（掲示用）
・オリジナル給食メニュー注文用シート（児童用）
・果物・野菜の絵カード（掲示用）
・振り返りカード
・デジタル教材

本時の言語活動のポイント

本単元で慣れ親しんできた What do you want? I want 〜. のやり取りをお店屋さんと行う。自分のほしいものや数を言ったり、注文を受けたりする際に使う表現は既習内容である。場面に応じたやり取りができるように、日々の学習の積み重ねを大切にしていきたい。

【「話すこと」の記録に残す評価】
◎お店屋さんに行ってほしいものを注文したり尋ねたりする活動で、子供が伝え合う様子について三観点から見取り記録を行う。

本時の展開 ▷▷▷

1 Let's Chant "What do you want?" をする

チャンツ "What do you want?" は、本時に必要な表現となるので、はっきりと言えるように役割を交代しながらくり返し行う。チャンツで扱っている野菜・果物、数以外にも子供の話を聞いて取り上げるようにする。

2 おはじきゲームをする

これまで扱った野菜や果物の名前に慣れ親しむために行う。子供は好きな場所におはじきを置き（数は学級で決める）、教師に What do you want? と尋ねる。I want strawberries. と答えたら、いちごの上におはじきが乗っている子供はそれを取る。

板書のポイント ： ③で集めたカードを裏に貼り、発表時のメモとなる
よう作り方を示す

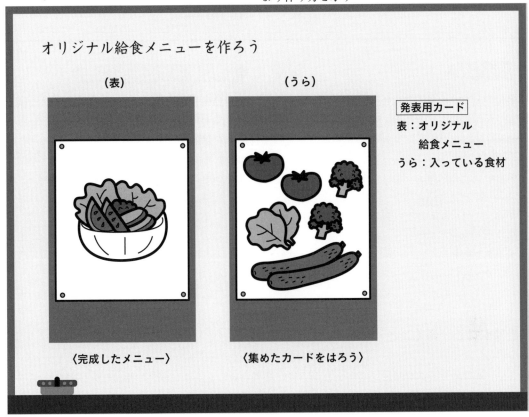

オリジナル給食メニューを作ろう

（表）　　　　　　　（うら）

発表用カード
表：オリジナル
　　　給食メニュー
うら：入っている食材

〈完成したメニュー〉　　　〈集めたカードをはろう〉

---

3 オリジナル給食メニューを作る

> What do you want?
> I want oranges, please.

　What do you want? I want 〜, please. How
many? 〜, please. などを使って表現でやり取
りする。いくつもの店を回れるように、1つ
の店に全ての野菜や果物がないようにすること
で、要求されたものがないときの対応などを考
えられるようにする。

---

4 紹介の仕方を知り、本時の振り
返りをする

> This is my school
> lunch, "*Genki* curry
> and rice" Tomatoes,
> broccolis, carrots. It's
> so delicious.

　教師が自身のメニューを紹介し、次時への期
待をもたせる。本時の目標の沿って振り返るよ
うにするとともに、次時への期待を書いている
子供を取り上げて、学習の意欲を高める。

自分のオリジナル給食の紹介をしよう

本時の目標

自分のオリジナル給食の紹介の仕方を知る。

準備する物

・スムージー注文用シート（掲示用）
・スムージー注文用シート（児童用）
・果物・野菜の絵カード（掲示用）
・振り返りカード
・デジタル教材

本時の言語活動のポイント

　自分の好きなオリジナル給食メニューには、オリジナルの名前を付けたい。そうすることでどんな目的で野菜や果物を選んだのかの「こだわり」を知ることができる。ここに子供の思いや願いを込めさせるようにしたい。また、これまでに慣れ親しんでいる語句や表現を使ってその味を表現するようにする。

【「話すこと・聞くこと」の指導に生かす評価】

◎本時では、記録に残す評価は行わないが、目標に向けて指導を行う。
・紹介をするために、子供がどのような工夫をしているのか、また教師の発表を聞いている様子について観察・記録を行う。

本時の展開 ▷▷▷

1 Let's Chant "What do you want?" をする

　チャンツ "What do you want?" のフレーズは、本単元に必要な表現となるので、はっきりと言えるように役割を交代しながらくり返し行う。チャンツで扱っている野菜・果物、数以外にも子供の話を聞いて取り上げるようにする。

2 先生のオリジナル給食メニューの紹介を聞く

　前時最後と同様に、教師のオリジナル給食メニューを紹介カードを指しながら話す。This is my school lunch, "Genki curry and Rice". Tomatoes, broccolis, carrots. It's so delicious.

2 先生のオリジナル給食メニューの紹介を聞く

活動のポイント：**3**での活動につなげるために丁寧に行うとともに、一方的な紹介とならないよう、子供に Do you like ～？とやり取りをしながら行う

This is my school lunch,
"*Genki* curry and rice".
Tomatoes, Broccolis, Carrots.
It's so delicious!

3 自分のメニューの紹介の仕方を考える

「ビタミンいっぱい
サラダ」だから、
"It's fresh!"
がいいかな…

　中に入っているものの中でこだわりをもっているものを取り上げて紹介する。どんな味なのかをこれまでに慣れ親しんだ表現を使って伝えられるように支援したい。身振り手振りを付けるなどの工夫も取り入れて、選んでほしい気持ちも表現できるようにしたい。

4 本時の振り返りをする

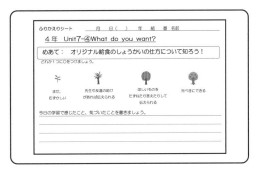

　カードには、自分で考えた給食を紹介する方法を考えることができたか、思いを込めて伝える工夫をすることができたかも書けるようにしたい。

みんなのNo.1　給食を決めよう

本時の目標

　相手に配慮しながら、自分のオリジナル給食を紹介しようとする。

準備する物

・オリジナル給食紹介シート（掲示用）
・作成したオリジナル給食紹介シート（児童用）
・果物・野菜の絵カード（掲示用）
・振り返りカード
・デジタル教材

本時の言語活動のポイント

　本時は紹介の活動であるが、一方的な紹介活動にならないようにしたい。聞き手には、なるべく英語で感想を言えるようにしたい。自然に言い表し方が身に付くように、教師は意識して日常の授業の中で「英語で感想を言う」ようにすることが大切である。言いたいことが表現できないときは、学級でこれまでに慣れ親しんだ語句や表現を使って言えないかを考えさせる。

【「話すこと（発表）」の記録に残す評価】

◎子供のオリジナル給食メニューの紹介の様子や振り返りカードの記録を三観点から見取り評価を行う。

本時の展開 ▷▷▷

1 先生のオリジナル給食の紹介を聞く

　子供たちが感想を言ったり、教師に質問したりす場面を設定する。そうすることで、子供たち自身が発表する場面を、これまでに慣れ親しんだ表現を使う機会とする。

2 オリジナル給食メニューを紹介する

　一方的な発表とならないように、聞き手の子供に感想や質問を言うように促す。そのためには、教師も聞き手の側に行き、感想や質問を聞き手と一緒に言うようにする。

2 オリジナル給食メニューを紹介する

活動のポイント：発表の後、聞き手に感想や質問を言うように促し、一方的な発表とならないようにする。

> This is my school lunch. Lettus, tomatoes, eggs, broccolis. Very delicious. I like broccolis.
> Do you like broccolis?

3 みんなの No. 1 給食を決める

紹介した順に番号を付けておく。投票したい番号のところにシールを貼る。

　紹介をもとに食べてみたい給食を選ぶ。学級の給食調理の実態にもよるが、校長や栄養士に事前に、実際に No. 1 メニューを給食に取り入れられるよう打合せしておく。

4 本時の振り返りをする

> Super!
> Well done!

　教師は子供が英語を使おうとしていた意欲や態度を認め、励ます。子供自身の振り返りでは自分のことだけでなく、友達の発表のよいところについても書くよう促す。

本単元の Key Activity

オリジナル給食メニューを作る

活動の概要

　第3時において、導入のチャンツを行った後に行う。本時の目標に関わる活動であるとともに、最終活動につながるものでもある。子供は、導入時にめあてをもつことで、この後に続く学習への期待を高めることができるだろう。最終活動で発表するオリジナル給食メニューは、実際の給食に出てくる設定にしたい。校長先生の許可を取るとともに栄養士に協力をお願いし、学年で相談をしていくことが必要である。

活動をスムーズに進めるための3つの手立て

①掲示物
ワークシートと同じものを拡大して掲示するか ICT 機器を使って提示する。

②教師のやり取りの提示
「③目的をもった活動」につながるようにしたい。

③目的をもった活動
必要な食材を手に入れたり、渡したりするための工夫を考えさせる。

活動前のやり取り例

【ALT】（または代表児童）と教師のやり取り例

T：What do you want?

ALT：I want carrots, please.

T：Carrots? OK. You want carrots.
　　How many?

ALT：Two, please.

T：Two? OK. Do you like carrots?

ALT：Yes, I do. How about you?
　　　Do you like carrots?

T：Yes, I do, I like carrots.
　　Two carrots. Here you are.

ALT：Thank you.

T：You're welcome.

活動前のやり取りのポイント

できるだけ、これまでに慣れ親しんだ表現を使い、やり取りを広げるようにする。

オリジナル給食メニューは、「元気カレー」などの名前を付けることで、必要な食材を考えさせたい。また、必要な食材を確実に手に入れたり、相手に渡すためには、やり取りの際にどのような工夫をしたらよいかを考えさせることが大切である。目的をもったやり取りとなるよう、導入での意識付けを大切にしたい。

活動を一旦止めて指導するポイント

本活動では、単に What do you want? I want 〜, please. How many? 〜, please でほしいものについてやり取りすることを求めるものではない。自分のほしいものを確実に手に入れたり、相手のために相手が必要とするものを確実に渡すためには、上記のやり取りにどのような工夫が必要かを考えてやり取りをさせることが大切である。

そこで、やり取りを一旦止めて、子供のやり取りの様子から、相手の言ったことをくり返したり、相手に伝えれるようくり返して言ったり、強調して言ったりするなどの工夫しているやり取りを見付け、全体に紹介し、どんなところがよかったかを全員で確認する。また、会話を広げるためにこれまでに慣れ親しんだ表現でどんなものが使えるか、例えば Do you like carrots? I like carrots, too など、を確認し、2回目の活動の質を上げるようにする。

8 This is my favorite place.

（4時間）【中心領域】話すこと［やり取り・発表］

単元の目標

・自分たちの学校のことや互いのことをよく知り合うために、相手に伝わるように工夫しながら、校内のお気に入りの場所や理由などについて紹介する。

第1時	第2時
第1小単元（導入）	第2小単元（展開①）
先生のお気に入りの場所を知る。	教室名や道案内の表現に慣れ親しむ。
1　教室の名前や道案内の言い方を知ろう ① "What's this?" クイズ 　教師の話から教室名の言い方に出合う。 ② Let's Watch and Think 2 　海外の学校の様子について知るとともに、教室名の言い方に出合う。 ③ Let's Play 1 　教師の言った教室名を聞いて指しながら、教室名の言い方に慣れ親しむ。 ④**教師の話から単元の見通しをもつ** 　お気に入りの場所シートを使った紹介を聞き、単元ゴールへの見通しをもつ。	**2　教室名や道案内の表現に慣れよう** ①ジェスチャー・クイズ／ミッシング・ゲーム 　前時を想起し教室名を確認する。 ② Let's Listen 1 　道案内の表現に出合う。 ③コマンド・ゲーム 　教師の指示どおりに動きながら、表現に慣れ親しむ。その後、チャンツを言う。 ④**道案内をする** 　相手を案内したい場所とその理由を考え、指示を出しながら目的地まで案内する。活動を通して、道案内の表現に慣れ親しむ。

本単元について

【単元の概要】

　本単元では、教室などを含む校内の場所の言い方やある場所まで案内する表現を扱い、単元終末には、それらを使ってお気に入りの場所について紹介し合う。毎日子供たちが生活している学校が題材となっており、校内を案内するという場面設定も、小学校生活にもすっかり慣れ学校の一員としての自覚が芽生え始める時期の４年生という発達の段階に適したものと考える。自分にとってのお気に入りの場所について考え、紹介する活動を通して普段見慣れた学校を見つめ直し、そのよさを再発見する機会になるとともに、自他の新しい一面に出会い、理解が深まるきっかけになることも願う。

【本単元で扱う主な語彙・表現】

《語彙》

favorite, place, my, our, go, why, straight, 学校・教室等(classroom, restroom, [science/music/arts] room)

《表現》

Go straight. Turn [right/left]. Stop. This is (the music room). This is my favorite place. Why? I like (music).

《本単元のクラスルーム・イングリッシュ》

Listen carefully. What can you see?

Let's do the chant together.

What's your favorite place?

Let's guide your friend.

単元の評価規準

[知識・技能]：学校の教室名や、Go straight. Turn right/left. Stop. This is my favorite place. Why? などの表現を用いて話すことに慣れ親しんでいる。

[思考・判断・表現]：自分たちの学校のことや互いのことをよく知り合うために相手に伝わるように工夫しながら、その場所や理由などについて紹介している。

[主体的に学習に取り組む態度]：自分たちの学校のことや互いのことをよく知り合うために相手に伝わるように工夫しながら、その場所や理由などについて紹介しようとしている。

第3時	第4時
第3小単元（展開②）	第4小単元（まとめ）
お気に入りの場所について話すことに慣れ親しむ。	自分たちの学校や互いのことをよく知り合うために、相手に伝わるように工夫しながら紹介する。
3　お気に入りの場所について話そう ① Let's Listen 2 　School Chant やコマンド・ゲームに続けて行う。理由等とともに、登場人物のお気に入りの場所を聞き取る活動。 ②**お気に入りの場所を言い合う** 　My favorite place is 〜. という表現に慣れ親しむ。 ③ Let's Play 2 　紙面にある場所の中からお気に入りの場所を選び話す活動。人気の場所を予想した後、紹介し合う活動に入る。 ④**「お気に入りの場所シート」を作成する** 　次時に向けてシートを作成する。	**4　お気に入りの場所とその理由を紹介しよう** ① Let's Chant 　道案内の表現を想起する。 ②**気を付けたり、工夫したりすることを話し合う** 　紹介する目的を共有し、紹介の仕方の工夫等について話し合う。 ③**お気に入りの場所を紹介し合う** 　教師にお手本を聞いた後、お気に入りの場所とその理由を紹介し合う。 ④**本時の振り返り** 　本時の目標とともに、頑張ったことやこれからの課題、友達の発表からの気付き等、多様な視点から授業を振り返る。

【主体的・対話的で深い学びの視点】

　本単元は、子供にとって身近な学校生活が題材であり、道案内など楽しい活動も含まれるため、子供の主体的な取組が期待できる。しかし、こうした学びを生むためには、さらに子供の興味を引いたり、活動への意欲を高めたりするための教師側の手立てが必要である。まずは、子供たちが「聞きたい」「話したい」と思うような、心躍る魅力的なゴールを設定し、教材や教具の工夫、教師や友達等との対話が生まれる言語活動の充実により、互いから学び合い、よりよいものへと向かう態度の育成につなげたい。

【評価のポイント】

　本単元では、「話すこと［発表］」を中心に指導し評価を行う。様々な語彙や表現を扱うため、第4時までは、授業改善や子供の学習改善に生かすための評価を行い、指導に重点をおきたい。話すこと［発表］の評価場面は、第4時の「お気に入りの場所を紹介する活動」に設定する。活動の様子を観察して3観点から適切な評価を行い、記録に残す。その際、特徴的なこともメモに取り各自の記録を蓄積していくようにする。目標への到達状況が十分でない子供がいる場合は、個別支援や指導を行ったりして学習改善につなげる。また、次単元においても、継続して改善状況を見取っていくようにする。

本時の目標

先生のお気に入りの場所を知る。

準備する物

・デジタル教材
・振り返りカード
・教室の絵カード（掲示用）
・お気に入りの場所シート（教師）
・校舎内の地図

本時の言語活動のポイント

　導入のクイズや Let's Watch and Think、教師のお気に入りの場所紹介など様々な場面で、教師が英語を使って子供を巻き込みながらやり取りし学習を進めるようにしたい。子供は、教師の表情やジェスチャー、イラストや写真等を手がかりに意味を推測しながら聞き、理解していくであろう。ただ映像を視聴する、ゲームをするということではなく、それらを話題として子供と教師が考えや気持ちを伝え合い、言語活動を通して指導する。子供が考える場面を多くつくることもポイントである。

【「聞くこと」の指導に生かす評価】

◎本時では、記録に残す評価は行わないが、目標に向けて指導を行う。子供の学習状況を記録に残さない活動や時間においても、教師が子供の学習状況を確認する。
・ポインティング・ゲームの様子や振り返りカードから見取り、必要な指導・支援につなげる。

本時の展開 ▷▷▷

What's this? クイズをする

　毎日過ごす学校の教室などを実際に撮影した写真を活用する。写真を加工して大型テレビに映したり封筒に入れて一部を見せたりして、子供とやり取りし、興味を引きながら、教室や場所の名前を導入する（他の教室も同様）。単元の方向性やねらいをつかめるようにしたい。

2 Let's Watch and Think 2 外国の学校の教室について知る

　❶で教室名等の言い方を導入した後、「外国の学校には、どんな教室があるかな」などと本活動につなげる。映像を途中で止め、何の部屋かを予想しながら進める。予め自分の考えをもつことで、聞こうとする意欲が一層高まる。日本の学校との共通点や違いにも気付けるようにしたい。

1 What's this？クイズをする

活動のポイント：子供の興味を引き、やり取りを通して教室名等を表す語句と出合う

《やり取り例》

T：What's this?（袋から写真の一部だけ出して見せる）

C1：え〜と。さっきは、体育館だったから……。

T：Do you need more hints? Yes? No?

C2：Yes! Hint, please.

T：OK.（さらに写真の一部を見せる）

　　You can play the piano.（ジェスチャーをしながら）.

　　Can you guess?

C3：あ〜、音楽室！

T：Yes! The music room!（音楽室の写真を袋から出し貼る）

C：Music room!

T：I like music. ○○ *san*, do you like music?（数名に尋ねる）

C4：Yes, I do.（その他大勢が Yes!）

T：OK. I'll show your the next picture. Can you guess?

---

3 Let's Play 1
ポインティング・ゲーム

　絵カードで教室名の言い方を確認し、本活動につなげる。児童用テキスト巻末にある絵カードを机に並べ、教師が言った教室名をくり返し、指していく。個人またはペア、教師が言うスピードを速めるなど活動に変化をつけ、子供の意欲が持続するようにする。

4 教師の話を聞いて単元終末の活動への見通しをもつ

　This is my favorite place. Can you guess? と問い、ヒントを出し予想させる。その後、My favorite place is the gym. と写真を見せ、理由とともにお気に入りの場所を紹介する。「ALT の先生にも教えてあげたいね」と、単元終末のゴールを子供たちと共有したい。

教室名や道案内の表現に慣れよう

本時の目標

教室名や道案内の表現に慣れ親しむ。

準備する物

・デジタル教材
・振り返りカード
・教室の絵カード（掲示用）
・巻末小絵カード

本時の言語活動のポイント

　Let's Listen 1 は、登場人物のお気に入りの場所を知るために音声を聞く活動である。音声を途中で止めるなど、実態に応じた配慮をしてどの子供にも「分かった」という喜びや達成感を味わわせたい。「道案内」では、コマンド・ゲーム等で慣れ親しんだ表現を実際に使って道案内する。テキストを使用して行ってもよいが、絵カードを使い配置を自由に考えさせることでワクワク感も増し、活動意欲も高まるであろう。練習だけで終わらない、心が通い合う言語活動をつくっていきたい。

【「話すこと[発表]」の指導に生かす評価】

◎本時では、記録に残す評価は行わないが、目標に向けて指導を行う。子供の学習状況を記録に残さない活動や時間においても、教師が子供の学習状況を確認する。
・ミッシング・ゲームや道案内などの活動の様子から見取り、必要に応じて指導・支援を行う。

本時の展開 ▷▷▷

1 ジェスチャー・クイズ／ミッシング・ゲームをする

　まず、ジェスチャーをして What's this place? と教室名を想起せる。教室名を確認した後、ミッシング・ゲームに移る。全てのカードを外して数枚のカードを隠し、順に貼りながら言い最後に隠したカードを尋ねる方法もある。子供の実態に合わせた工夫をしたい。

2 Let's Listen 1 道案内の表現に出合う

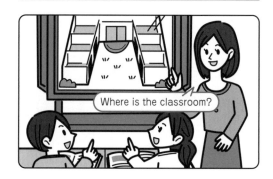

　教室名に慣れ親しんだ後、本活動に移る。まず、電子黒板に紙面 p.30、31を映し、各教室の場所を確認させる。要領をつかむため、特に No.1は、音声を止めながら子供と一緒に行うとよい。子供に、前の画面でコマを進めさせて、理解度を確かめながら進めたい。

4 道案内をする

活動のポイント ：相手には内緒で案内したい場所を決め、目的地点まで案内する。ど
こに案内されるか分からないというインフォメーションギャップが、
コミュニケーションの必然性を生む

※到着したら、Music room? と尋ねる。合っていたら 2 人で Hight five! 案内してもらった子供は
Why? と尋ね、案内した子供は「I like music. 私のピアノを聞かせてあげたいから」などと案内し
た理由を伝える。少しの工夫で、道案内することに意味が生まれる。

3 コマンド・ゲームをする

　身体を動かしながら、道案内の表現に慣れ親
しむことがねらい。まず、表現を確認し、行
う。子供は、教師の指示を聞いてその表現をく
り返し、指示された通り動作をする。慣れてきた
ら、リズムをつけたり指示のスピードを速めた
りする等工夫して活動に変化を付けたい。

4 道案内をする

　ペアで道案内を行う。テキストの巻末の絵
カードで机上にオリジナルの学校を作る。ス
タート地点から相手をある場所に案内する。無
事ゴールできたら 2 人で High five! メッセージ
を伝えるなどして温かい雰囲気の中で、表現に
慣れ親しめるようにする。

お気に入りの場所について話そう

本時の目標

お気に入りの場所について話すことに慣れ親しむ。

準備する物

- ・デジタル教材
- ・振り返りカード
- ・教室の絵カード（掲示用）
- ・お気に入りの場所シート（児童作成用）
- ・教室の写真、巻末小絵カードなど

本時の言語活動のポイント

本時の言語活動の中心となるのは、お気に入りの場所を紹介する Let's Play 2 の活動である。第1時から聞いたり言ったりして教室名の言い方には慣れ親しんできているが、What's your favorite place? My favorite place is ～. などの表現にはまだ慣れていない状態であり、本時で初めて使うことになる。そのためにも、Let's Listen 2 や ② の活動を大切に扱いたい。教師が一つ一つの活動のねらいを明確にもち、それらを意識した指導に努めることが、言語活動の充実につながる。

【「話すこと[発表]」の指導に生かす評価】

◎本時では、記録に残す評価は行わないが、目標に向けて指導を行う。子供の学習状況を記録に残さない活動や時間においても、教師が子供の学習状況を確認する。

・Let's Play 2 の活動を中心に見取り、必要に応じた指導・支援を行い、次時につなげる。

本時の展開 ▷▷▷

1 Let's Listen 2 表現に出合う

音声を聞いて、登場人物のお気に入りの場所を考える。子供は、ここで、改めて favorite place などの表現に出合う。音声を聞かせる前に、登場人物やイラストの教室について確認しておく。I love "Lunch Time", too. How about you? など子供と、やり取りしながら進めたい。

2 お気に入りの場所を言い合う

③の言語活動につなげるために練習をする。My favorite place とくり返し言い慣れることがねらい。全員で声を揃えてリズムよく行いたい。前に提示した、教室や場所等の中から選択して言う楽しさもある。ぴったり合えば、High five! と言い、楽しく行える活動である。

4 「お気に入りの場所シート」を作成する

活動のポイント ：自分のお気に入りの場所とその理由を話す際に使用するシートである。様々な様式が考えられるが、作成にどれくらいの時間を当てることができるか等を考え、様式も決めるとよい

A例

B例

※図画工作等と関連させる方法もある。お気に入りの場所の絵をかいたり、小さな自分を粘土等で作りお気に入りの場所に置いてカメラで撮影したりして、その作品をシートに貼るなど、子供の心が躍るようなアイデアで、豊かな活動としたい。

3 Let's Play 2
友達のお気に入りを知る

インタビューやクイズ形式など、実態に合わせて選択したい。**2**を踏まえ紹介し合う形とする。学級で人気の場所を予想後、活動に入る。My favorite place is ～. が難しい場合は I like ～. でもよい。個人差に配慮し、どの子もコミュニケーションの楽しさを味わえるようにしたい。

4 「お気に入りの場所シート」を作成する

単元終末の活動に向け、シートを作成する。My favorite place is the library. I like books. など、理由を含めて紹介できるよう準備する。ただ、英語では伝えきれないその子ならではの想いも大切にしたい。そこで、ワークシートには、日本語で理由を書けるスペースも入れたい。

本時の目標

　自分たちの学校や互いのことをよく知り合うために、相手に伝わるように工夫しながら、その場所や理由などについて紹介する。

準備する物

・デジタル教材
・お気に入り紹介シート
・振り返りカード
・教室の絵カード（掲示用）

本時の言語活動のポイント

　これまでに慣れ親しんできた語句や My favorite place is 〜. などの表現を使って、自分のお気に入りの場所とその理由を紹介する活動が中心となる。「相手によく知ってもらうために」というねらいを共有し、そのためにはどのような工夫をすればよいか子供と共に考える。活動を途中で止め、目標に沿った指導を行う。同じ場所を選んでその理由が違うことがある。互いの考えや気持ちの違いに気付きそれらを尊重していこうする仲間づくりにもつなげたい。

【「話すこと［発表］」の記録に残す評価】

◎自分たちの学校や互いのことをよく知り合うために、相手に伝わるように工夫しながら、その場所や理由などについて紹介している〈行動観察・作品・振り返りカード点検〉
・お気に入りの場所を紹介する活動から、「知・技」「思・判・表」「態度」の三観点を見取り、記録を残す。「努力を要する」状況の子供がいる場合は、継続して指導を行い改善状況を見取っていく。

本時の展開 ▷▷▷

1 Let's Chant "School Chant" をする

> Wow! Great!
> Turn left. Go straight.

　チャンツに言い慣れたら、カラオケにして子供たちだけで言ったり、案内する教室を換えたりして、子供の意欲が持続するように工夫をする。主体的な学びを促すためにも、教師が一方的に与えるのではなく、学習の主体となる子供が能動的に考えアイデアを出す場面をつくりたい。

2 気を付けたり、工夫したりすることを話し合う

> どんなことに気を付けたり工夫したりすると、相手によく伝わるかな？
> はっきりした声で、色とか形を言います。

　本時の中心となる活動に向けて学級全体で話し合う時間をもつ。「お気に入りの場所についてよく知ってもらう」という目的を明確にするとともに、紹介する際にどのような点に気を付けたり工夫したりすればよいかを考えさせたい。

板書のポイント ：工夫したいことなどについての子供からの意見を
黒板に整理し、全体で共有する

2 気を付けたり工夫したりすることを話し合おう

Unit 8　This is my favorite place.
めあて：相手に伝わるように工夫して、
　　　　お気に入りの場所を紹介しよう

〈前半〉交代して紹介する
　　　　A…………B
　　　　C…………D
　　　　E…………F

前半の活動の振り返り

〈後半〉交代して紹介する。
　　　　E…………B
　　　　A…………D
　　　　C…………F

相手に伝わるように工夫したいこと

〈話すとき〉
・相手を見て、表情
・はっきりとした声で
・シートを指す
・ジェスチャーをつけて
・気持ちをこめて
・質問する

〈聞くとき〉
・相手を見て、笑顔で
・うなずく
・くり返す、反のうする
・質問する

3 お気に入りの場所を紹介し合う

　教師や ALT がモデルを示してから、活動に移るとよい。自由にペアをつくり活動することも考えられるが、ここでは、2 つのグループが一緒になり、紹介したり聞いたりする形態をとる。途中で中間評価を行い、好例を示したり助言をしたりして、自己調整や学習改善を促したい。

4 本時を振り返る

　振り返りカードには、自由記述の欄が設けられている場合が多い。ここには、子供の頑張りや気付き、成長、課題等が書かれており、授業中には見取れなかった子供の思いや姿に出会える。一人一人の学びが広がり、学級全体の学びが深まるよう、共有する時間をもちたい。

第4時 お気に入りの場所を紹介し合う

活動の概要

本単元のまとめとなる言語活動である。自分たちの学校のことや互いのことをよく知り合うために、相手に伝わるように工夫しながら、お気に入りの場所やその理由などについて紹介する。教師が第1時に、お気に入りの場所とその理由を紹介し、単元のゴールを子供と共有している。その後、本時に至るまでに、子供は、場面を替えながら道案内の表現に慣れ親しんできている。そこで、本活動ではお気に入りの場所を紹介し合い、新しい発見が生まれる機会としたい。

活動をスムーズに進めるための3つの手立て

①モデルを示す
教師がモデルを示す。

②まずは話してみる
目的を再度確認した後、まずは話すようにしてみる。子供の様子からよい点を見取る。

③中間評価
活動を途中で止めて、目標に沿った指導・助言を行う。

《子供の様子》
・相手を見ている、表情
・はっきりとした声で
・シートを指す
・ジェスチャー
・気持ちをこめて
　質問している

活動前のやり取り例

教師と ALT がモデルを示す（話し手と聞き手）

ALT：Hello.

T：Hello. What's your favorite place?

ALT：This is my favorite place. The play-ground.（紹介シートの写真を指す）

T：Oh, the playground. Why?

ALT：I like P.E. I like playing dodgeball with my students.（子供の方を指す）

And I can see your smile there.（子供の方を指し、ジェスチャー）

T：Nice!

ALT：Do you like dodgeball?

T：Yes, I do. Thank you.

ALT：Thank you for listening.

活動前のやり取りのポイント

後に行う子供同士の活動を想定して、意図的なデモンストレーションを行う。その後、何のためにこの活動を行うかを子供に確認し、その目的のためにどのような工夫をしていたかを考えさせ、活動に移るようにする。

　本時に至るまでに慣れ親しんできた、教室名や道案内の仕方、お気に入りの場所を尋ねたり答えたりする表現を使って、お気に入りの場所と理由を紹介する活動である。活動を途中で止め、「自分たちの学校のことや互いのことをよく知り合う」という目的意識をしっかりもてるように、どうすれば相手に自分の考えや気持ちがよく伝わるかについて考えさせ、学級全体で共有した後、活動に臨ませたい。

 メイン活動 〈グループでの発表の様子（例）〉

C 1：Hello.
聞 全：Hello.
　　　What's your favorite place?
C 1：My favorite place is the gym.　I like P.E. I like basketball. Do you like basketball?
C 2 C 3：Yes, I do.
C 3：Do you like sports?
C 1：Yes, I do.
C 1：それから、入学式や卒業式があったりして。いろいろな思い出があるから体育館が好きです。Comment, please.
C 4：理由がとても分かりやすく言えていたと思います。写真もきれいにとれています。
C 1：Thank you.　（聞 全：Thank you.）

※聞き手に、好きな場所を予想させ道案内をしてお気に入りの場所を教え、その後、理由などを紹介したり、クイズ形式で発表したりする方法もある。ただ、小学校の校舎は、教室が廊下に沿って直線に並んでいる場合が多いため、実態に応じて、発表の方法も工夫したい。

活動中（中間指導）のやり取り例

T：（前半の活動後）とても素敵な発表ができていた人を見付けたよ。（数名指名する）

C 1：Hello.

T：Hello.　What's your favorite place?

C 1：This is my favorite place. Classroom.（シートの写真を指す）
　　I like ○○ *sensei* and my friends. I like "Lunch Time". Do you like "Lunch Time"?

T：Yes, I do. I like school lunch. Today's menu is *Udon*. I'm so happy.

C 1：Me, too. I like *Udon*. 教室が好きな理由は、毎日みんなに会えるからです。
　　Thank you for listening.

T：Great! シートを指したりジェスチャーをしたりするだけでなく、質問したり自分のことを付け加えて言ったりして、相手に伝わるような工夫ができていて、理由も詳しく言えてたね！みんなもまねしてみよう。

活動中のやり取りのポイント

本時の目標に沿ったよい例を紹介することで、子供が自己を振り返り、他者のよい点を積極的に取り入れ、学習改善の意欲を高めたい。また、教師が代表の子供に、感想を言ったり質問をしたりすることが、聞き手のモデルを示すことにもなる。自己調整や学習改善を促す場となるので、意図的な指導・支援を心がけたい。

This is my day.

5 時間 【中心領域】聞くこと、話すこと [発表]

単元の目標

・日本語と英語の音声やリズムなどの違いに気付き、日課を表す表現に慣れ親しむとともに、絵本などの短い話を聞いて、おおよその内容が分かったり、相手に配慮しながら、絵本などの短い話を発表しようとする。

第 1・2 時	第 3 時
第 1 小単元（導入）	第 2 小単元（展開①）
日課を表す表現に慣れ親しみ、絵本などの短い話を聞いて反応したり、おおよその内容が分かる。	日課を表す表現に慣れ親しみ、まとまりのある話を聞いておおよその内容が分かる。
1・2　まとまった話を聞こう ① Let's Chant 　This is how I spend my day. のチャンツを聞かせ、単元の導入をする。まずは音声やリズムを楽しみつつ、どんなことを学ぶのか想像させる。第 2 時以降はジェスチャーを付けながら、言えるところから徐々に言う。 ②ジェスチャーゲーム 　日課を表す表現に慣れ親しませる。 ③ 3 ヒントページ絵探し 　ヒントを用いて教師の好きなページを絵本から探す活動をする。 ④本時の振り返り	3　先生と自分の 1 日をくらべっこしよう ① Let's Chant 　This is how I spend my day. をジェスチャーを付けながら歌う。 ②カード並べ 　教師の一日のお話を聞いて、カード並べをする。共通点や相違点を見付けながら聞くことで自然に反応を引き出すことができる。 ③三角絵本作り 　三面の三面絵本を作成する。 ④本時の振り返り

本単元について

【単元の概要】

　本単元では、1 日の生活を題材にした絵本を扱い、短いまとまりのある話を聞いて、おおよその内容が分かるという経験をする。教師はジェスチャーや表情、声色等を工夫し読み聞かせ等を行い、子供は十分な聞く活動を通して、英語の音声やリズムを楽しみつつ、日課を表す表現に慣れ親しむ。そうすることで思わず自分自身の生活を友達に伝えたくなり、相手の生活についても知りたくなってくる。発話は急かさず完璧は求めない。級友の生活を知りたいという思いを尊重し、外国語を駆使して相互理解を深めようとする意欲が満たされるよう、効果的な言語活動の展開を目指す。

【本単元で扱う主な語彙・表現】

《語彙》

wash my face, go to school, go home, brush my teeth, put away my *futon*, check my school bag, leave my house, take out the garbage, yummy 他

《表現》

I wake up (at 6:00). I have breakfast (at 〜). 他

《本単元のクラスルーム・イングリッシュ》

What time is it?　　What time do you get up?

Look at the picture.　　What's his breakfast?

What do you eat for breakfast?　　What's this?

Let's spread out the picture cards.

Let's listen again.　　Look, here is a cat.

Can you find the cat?　　Where's the cat?

[知識・技能]：日課を表す表現 I wake up（at 6:00）. I go to school. I go home. などの表現を用いて、日課について聞いたり、伝え合ったりすることに慣れ親しんでいる。

[思考・判断・表現]：互いのことをよりよく知るために、日課などについて、まとまりのある話を聞いたり、発表したりしている。

[主体的に学習に取り組む態度]：互いのことをよく知るために、日課などについて、聞いたり、発表したりしようとしている。

第4時	第5時
第3小単元（展開②）	第4小単元（まとめ）
まとまりのある話を聞いて、そのおおまかな内容が分かり、反応する。	相手に配慮しながら、まとまりのある話を聞き、反応しようとする。
4　三角絵本のお話し会をしよう① **① Let's Chant** 　子供の好きな挑戦したいバージョンで歌う。その後ジェスチャークイズ等を行い反応の仕方を思考する。 **② 三角絵本読み聞かせ** 　ALT や他の学級担任の作品を活用しクイズ形式で行うと、子供の聞きたいという思いが高まり、反応が豊かになり、さらに聞く活動が充実する。 **③ 三角絵本のお話し会①** 　共通点や相違点を見付けながら小グループで、友達の1日のお話を聞く。 **④代表児童による全体発表**	**5　三角絵本のお話し会をしよう②** **① Let's Chant** 　ジェスチャースィンギング等でしっかり聞きながら歌う。 **②三角絵本のお話し会②** 　前時に続き、聞く視点をもって友達の1日のお話を聞く。小グループでの発表活動なので、前時とは異なる子供の組合せで行い、最後には代表児童の発表も設ける。 **③ Who am I? クイズ** 　前年度の担任等、まだ聞いたことのない先生のリアル・マイデイクイズにすることで、聞きたいという思いが高まり、活動が充実する。 **④本時の振り返り**

【主体的・対話的で深い学びの視点】

　本単元で扱う日課を表す表現は、4年生 Unit 4 でも扱っている。そこでは Wake-up Time. などと表していたが、本単元では、I wake up. など文として扱っている。外国語科でも日課が題材になっている単元があるので、聞く活動を通して、表現に十分に慣れ親しませ高学年へ学びをつなげたい。そこで、お手伝いや部活動、習い事の時間を言いたいなど、本単元で扱われていない表現でも子供が言い表したい生活行動があれば紹介することも可能である。さらに、日本独特の表現である *Itadakimasu. Gochisosama.* に込められた思いについても紹介し、学びの深まりを期待したい。

【評価のポイント】

　本単元では子供が、まとまった英語での話を聞き、意味がだいたい分かるという経験をする。その具体的な姿として、反応しながら聞いている様子を見取り、記録をしておく。

　第4時終了後には、相互評価用シートと振り返りシートの記載内容と、教師の記録内容とを照合する。大きな違いがある子供については、第5時最初のチャンツを言う際に、自信をもてるような声かけをしたり、チャンツの内容に自分らしいジェスチャーを付け加えながら聞かせたり言わせたりすることもできる。

まとまった話を聞こう

本時の目標

　日課の言い方を知り、日本語と外国語の音声やリズムの違いを楽しみながら、まとまった話のおおよそを理解する。

準備する物

・デジタル教材
・大型絵本（読み聞かせ用）
・場面絵（黒板掲示用）
・振り返りカード

本時の言語活動のポイント

　チャンツ視聴後、めあての導入時の短い言語活動である。教師の1日をジェスチャーを交えながら話す。子供が意味を推測しやすい表現 I wake up at 6:30. などを選び How about you? と尋ね、時間を返答する形での言語活動とする。

　次に 3 で、表現を聞いて意味を理解しているかを形成的に評価しながら、表現と絵を合致させる活動を行う。聞いて分かるようになってきたうれしさから、教師をまねる等、反応しながら活動する子供が現れる。

【「聞くこと」の指導に生かす評価】

◎本時では、記録に残す評価は行わないが、目標に向けて指導を行う。子供の学習状況を記録に残さない活動や時間においても、教師が子供の学習状況を確認する。

・子供の様子から、聞いておおよその意味を理解しているか、言語材料に慣れ親しんでいるかを見取り、次時への指導改善に生かす。

本時の展開 ▷▷▷

1 Let's Chant "This is how I spend my day."

　第1時の単元導入では「どんなお話かな」と問いチャンツを視聴し、めあてを引き出す。「Kazu君の1日」の読み聞かせをする際は、教師はゆっくりはっきり発音することに加え、ジェスチャーや場面に合った擬音等を交え、子供の理解の助けになるように話す。

2 ジェスチャーゲームをする

　はじめはジェスチャーをまねさせながら日課を表す表現に慣れ親しませ、その後、子供の理解度に合わせて、ジェスチャークイズやジェスチャーゲームへと少しずつ難易度を上げ、子供の意欲が増すようにする。

3 3ヒントページ絵探しをする

活動のポイント：この活動を通して、日課を表す表現に慣れ親しませるようにする

〈やり取り例〉

T：I like this page. Hint No.1, I'm hungry.

C：I'm hungry? Breakfast Time? Dinner Time?

T：Good guessing. Hint No.2.
　　Yummy, Delicious and…. *Itadakimasu.*

C：Yummy…*Itadakimasu.*

T：Hint No.3. Good morning!

C：このページだ。

T：That's right. I …?

C：I…have breakfast.

T：Very good. I have breakfast.

この段階では、教師と子供のやり取りを通して表現に慣れ親しむ。反応の仕方に広がりがでるように、擬音語や絵本のセリフを使ってヒントを聞かせる。ページを選び、答えを確認する際には、子供の混乱を避けるため、教師が "I…? "と言い、表現を引き出す。

---

3 3ヒントページ絵探しをする

　ポインティング・ゲーム等で絵と表現を結び付ける活動後に、ヒントを用いて教師の好きなページを絵本から探す活動をする。ヒント例は、①擬音語 Splash! Splash! や②セリフ Hmm... I'm sleepy. や③ジェスチャー等がある。最後に I…? と聞き、表現を引き出す。

4 本時の振り返りをする

　第1・2時の振り返りは、言語への気付きを促す。絵本の中で言えるようになった表現やまだ難しい表現、擬音語などの面白さや日本語が混じっている理由など、心に残った語彙や表現や自分の生活を想起して知りたい表現などを書かせる。

先生と自分の１日をくらべっこしよう

本時の目標

　日課の表現を用いた話を聞いて、おおよその内容が分かる。

準備する物

・デジタル教材
・大型絵本（読み聞かせ用）
・場面絵（黒板掲示用）
・場面絵カード（児童用）
・長方形の画用紙など（三角絵本用台紙）
・振り返りカード

本時の言語活動のポイント

　先生のことをよく知るためにお話を聞こうという目的を設定し、１人目の教師の１日紹介が終わった後に、聞き取れなかった表現を確認する。既習事項は、学級全体で想起をする。このとき教師が中心となり、全体で確認をする。
　２人目の聞くことの言語活動は、１人目よりも慣れてきているので、自分なりに楽しく反応しながら、カード並べをする子供も増えることが予想される。聞き手としてよい反応をしている子供がいたら、反応の例を増やしていけるように、その様子を紹介する。

【「聞くこと」の記録に残す評価】
◎日課を表す表現を用いた教師の１日の生活を聞いて、内容に合わせてカードを並べている。（知・技）
〈行動観察〉
・子供が話の内容に合わせて反応しながらカードを並べている様子を観察し、評価の記録を残す。

本時の展開 ▷▷▷

1 Let's Chant "This is how I spend my day."

　ジェスチャーを付けてチャンツをする。この段階では表現への慣れ親しみが進んでいる。チャンツ後はオリジナルのジェスチャークイズをし、交流を楽しみながら自然と発話に挑戦しようとする雰囲気をつくる。日課表現の理解を深め、発話を促す機会を仕組む。

2 カード並べをする

　子供の実態に応じて、はじめはイラストと表現をある程度結び付けられるような練習の段階を仕組む。最終的に教師やALTの１日の生活を聞いて、聞こえた順にカードを並べる活動を通して、具体的な姿を見取り、記録に残す評価を行う。

3 三面の三角絵本を作成する

活動のポイント ：この活動を通して、自分の伝えたいことを選んだり、話す順番を決めたりする

〈作成の手順〉

1 長方形の紙を準備する、2 三等分に折り目を付ける、3 一面に一場面ずつ簡単なイラストを書く

※「伝え合う目的」を意識できるよう声かけする

（例）・4 年生の自分が頑張っていること

　　　・4 年生の自分が大切にしていること

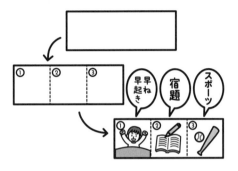

※マスキングテープで留めると平面から立体にする際にスムーズ

---

3 三面の三角絵本を作成する

　三等分に折った縦長の長方形の用紙に、一面ごとに目的に沿って選択したカードを貼る。時間があれば、自分を主人公に絵を描いてもよい。紙面に載っていないが、自分のことを表すのに必要な表現を子供が尋ねてきたら紹介する。

4 本時の振り返りをする

　内容面では、教師と自分の生活を比べて気付いたこと等を書くようにする。言語面では、自分が大切にしている生活時間を伝え合うために、まだ十分に言えない表現があるかどうかを確認し、書くようにする。練習の必要感をもって授業の最後に発表の練習をする。

三角絵本のお話し会をしよう①

本時の目標

まとまりのある話を聞いて、そのおおよその内容が分かり、反応する。

準備する物

・デジタル教材
・大型絵本（読み聞かせ用）
・場面絵（黒板掲示用）
・発表に使う三角絵本
・お話し会相互評価シート
・振り返りカード

本時の言語活動のポイント

1回目の交流活動が終わった後に、伝えたかったけれど言えなかった表現を確認する。既習事項は、学級全体で想起をする。このとき使わせたい語句や表現はALTが中心となり、全体で確認をする。2回目以降の交流活動は、グループを替えて行う。1回目よりも慣れてきているので、笑顔で発表する子供も増えることが予想される。うまく話せなかった子供も全体確認や友達の発表内容を聞いて、言い方をまねるなどして楽しく活動することを大切にする。

【「話すこと［発表］」と「聞くこと」の記録に残す評価】

◎日課を表す表現 I wake up（at～）. などの表現を用いて、目的に応じて日課を話している。（知・技）〈行動観察〉

◎友達の発表を聞き、相手のことについて理解を深めている。（思・判・表）（相互評価シート・振り返りシート）

・子供が発表している様子と、反応しながら聞いている様子を観察し評価の記録を残す。

本時の展開 ▷▷▷

1 Let's Chant "This is how I spend my day."

カラオケバージョンなども活用しながら楽しくチャンツをする。チャンツ後は、ジェスチャークイズをし、そのクイズの答えを擬音やセリフで答える等、聞き手としての反応を、子供自身が思考するような場面を仕組んだクイズを行う。

2 三角絵本の読み聞かせを聞く

教師の三角絵本の紹介を聞く。ALTや他の学級の担任の作品等を使用すると、子供の興味・関心が高まり、思いをもって聞かせることができる。意外な一面が垣間見えるような日課を入れると Really? などの反応が引き出せ、聞く活動がさらに充実したものとなる。

板書のポイント ：チョークで色分けをし、移動のルールがすぐに分かるようにする

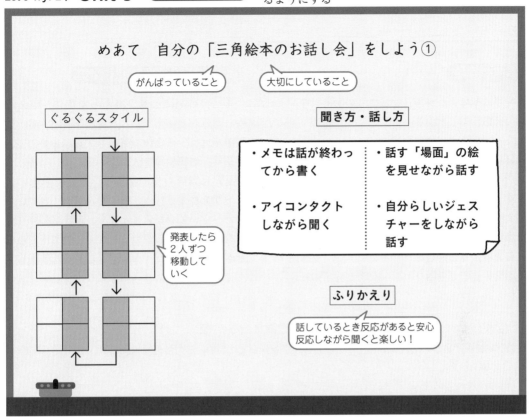

めあて　自分の「三角絵本のお話し会」をしよう①

がんばっていること　　大切にしていること

ぐるぐるスタイル

発表したら
2人ずつ
移動して
いく

聞き方・話し方

・メモは話が終わっ
てから書く

・アイコンタクト
しながら聞く

・話す「場面」の絵
を見せながら話す

・自分らしいジェス
チャーをしながら
話す

ふりかえり

話しているとき反応があると安心
反応しながら聞くと楽しい！

3 三角絵本のお話し会①をする

I wake up !

　言語活動を行う目的を明確にし、小グループ
で発表を行う。全員発表後、2人は隣のグ
ループへ移動し、新メンバーで交流する。発表
後、聞き手の反応、発表の工夫点等をメモし、
相互評価を行う。意欲が向上し、メモの内容を
参考に、評価に生かすことができる。

4 代表児童による全体発表

I play baseball.

　代表児童数名による全体発表の場を設ける。
子供の反応の姿を通して、「聞くこと」の領域
で身に付いた力を見取る。これまでの活動で、
気になる子供には、必要に応じて声をかけ、支
援し、次時への活動に生かせるようにする。

三角絵本のお話し会をしよう②

本時の目標

　相手に配慮しながら、まとまりのある話を聞き、反応しようとする。

準備する物

・デジタル教材
・大型絵本（読み聞かせ用）
・場面絵（黒板掲示用）
・発表に使う三角絵本
・お話し会相互評価シート（前時と同じ用紙）
・振り返りカード

本時の言語活動のポイント

　1回目の交流活動が終わった後に、伝えたかったけれど言えなかった表現を確認する。既習事項は、学級全体で想起をする。必要に応じて適宜、中間指導を入れていく。

　2回目以降の交流活動は、前時と同様にグループを替えて行う。どんどん慣れてきているので、描いていないことでも、付け足して日課を表す表現を使って発表をする子供も増えることが予想される。うまく話せなかった子供も、友達のヒントや発表内容を頼りに、互いに助け合いながら、楽しく活動することを大切にする。

「話すこと［発表］」と「聞くこと」の記録に残す評価

◎日課を表す表現I wake up（at〜）.などの表現を用いて、目的に応じて日課を話している。(知・技)〈行動観察〉
◎発表やクイズを聞き、相手のことについて理解を深めている。(相互評価シート・振り返りシート)
・子供が発表している様子と、反応しながら聞いている様子三観点から見取り、評価の記録を残す。

本時の展開 ▷▷▷

1 Let's Chant "This is how I spend my day."

　ここでは、改めてしっかり聞くことも大事にする。しかし、ただ「聞く」だけでなく、場面や内容に合うジェスチャーや擬音を言わせる等、聞いて理解していることを表現させ、より豊かな聞く活動を目指したい。

2 三角絵本のお話し会②をする

I do my homework.
Me too.
Good job.

　前時と同様に、新しい小グループで交流する。今回は、絵本に描いていないことも付け足すよう促す。聞き手は、絵や発表内容に、既習表現を使って質問をすることも反応の1つであることに気付かせ、挑戦できるようにする。

3 Who am I? クイズをする

活動のポイント ：まとまりのある話を聞いて分かる喜びを味わえるようにする

〈全体で〉

> I wake up at 5:00 a.m.

〈代表児童がクイズ出題にチャレンジ〉

> I go to school.

---

3 Who am I? クイズをする

> Who am I?

　ある教師（担任以外）の三角絵本を見せながら、３ヒントクイズ形式で行う。最後に Who am I? と問い、Are you ～? と、３年 Unit 9 での既習表現を想起させ、引き出しながら行う。他学級の友達の作品を活用することもできる。子供が出題者になることも可能である。

4 本時の振り返りをする

○○先生　　□□先生
△△先生　　◎◎先生

　振り返りを書く視点は、内容面では、相手の話を聞いて知ったことや考えたこと、言語面では、発表時にできるようになったと実感したこと、工夫して取り組んだ点等を書く。思考力、判断力、表現力の高まりや、主体的に取り組んだ学びの過程を見取るようにする。

本単元の Key Activity

第4時 三角絵本のお話し会をする①

活動の概要

　導入の「チャンツ」「教師の読み聞かせ」等を行った後に行う。単元の目標に関わる活動であるため、「発表（お話し会）」の雰囲気づくりや活動のイメージをもたせてから行う。話し手は、話す内容と絵本の絵が一致するように、聞き手にその場面の絵を見せながらジェスチャーを付けて発表を行う。聞き手は、話の内容に合わせて、表現をくり返したり、場面に関連したセリフや擬音を言ったりと、反応をしながら楽しく聞けるようにする。

活動をスムーズに進めるための3つの手立て

①掲示物	②発表の仕方	③聞き手の相手意識
活動の流れを絵カード等で掲示し、子供にとって見通しがもてるようにする。	相手意識をもつことの大切さに気付けるよう Show & Tell の手法で行う。	子供のつぶやきを拾い、話を聞くときは反応しながら聞くことの大切さを確認する。

活動前のやり取り例

T：Hello, everyone. I'm happy. How are you?
C1：I'm happy.
C2：I'm sleepy.
T：Oh, C2さん、What time do you get up?（腕時計を指さしながら）I wake up at…?
C2：7:45。
T：Ok. Me? I wake up at…. Please listen to my story, This is my day!
All C：This is my day!（くり返して言っている）
T：I wake up at 6:00. Good morning!
All C：チュンチュン（鳥の鳴き声）Good morning!

活動前のやり取りのポイント

　読み聞かせの前に、子供と気分を尋ね合い、1日の始まりを意識できるやり取りを行う。そうすると、子供は「先生はどんな1日を過ごすんだろう」と興味をもち、自然と自分の1日と比べながら話を聞くだろう。Show & Tell の方法に戸惑うことも考えられる。教師が意図的に、ジェスチャーや絵を手がかりに、注意深く話を聞いたり、伝えたりすることの楽しさに気付ける導入をしたい。

　　第４・５時の展開の場面で、三面の「手作りの三角絵本」を使用して、発表を行う。活動の目的は、「４年生の自分が大切にしている時間を伝え合おう」と設定している。頑張っていることや、お手伝いの内容など、友達の新しい一面を知り、相互理解がより深まることが期待できる。日常の生活を題材にすることで、自分の生活と比べながら聞き、友達の表現のよさから学び合えるような機会としたい。

メイン
活動

活動後のやり取り例

（※代表児童による全体発表）

C３　：I go to bed. Good night!

T　：Good night! What time do you go to bed, C３さん？（腕時計を指さしながら）I go to bed at
　　…?

C３　：９:00. I go to bed ９:00.　※ at は抜け落ちている。

T　：C３さん、You go to bed at ９:00. Good girl!　Me, too?
　　（手を挙げながら尋ねる）How about you, C４さん？（手を挙げていない子供に尋ねる）

C４　：11:00.

T　：C４さん、You go to bed at 11:00. It's too late! Why?

C４　：I do my homework at 10:00. テレビ見てからやるから。

T　：Oh, I see. You do your homework. Good boy, too. でも、テレビを見る前にするともっといいね。
　　C４さんは宿題を頑張っているんだね。みんなの頑張りポイントが分かってうれしいな。

活動後のやり取りのポイント

発表内容に合わせて簡単な質問をし、子供とやり取りを行う。そこから、全体を巻き込んでのやり取りに広げ、５年生への Small Talk に近付ける。配慮すべき点として、子供に返答を求める際には、ジェスチャーを付けながら、教師が途中まで言うと、返答がしやすくなる。教室内の支持的風土を大切にし、多様な生活習慣を知ることで、身近な他者理解の促進を目指したい。

巻末付録

各 Unit に関連してできる活動を
紹介しています。Unit 内のどの
時間に組み込むとより効果的か提
案していますが、かならずしも授
業中だけでなく、朝の時間などに
行えるような短時間でできる活動
を集めました。「基本型」に慣れ
たら「発展型」にもチャレンジし
てみてください。

基本型　いつでもHello.

やり方

　第1時において、導入の Let's Watch and Think の動画視聴を行った後に行う。まずは、教師がジェスチャーを付けて世界の国々の挨拶を言い、自分の名前を英語で言う。どの国の挨拶に対しても、子供は "Hello, ○○ sensei" と、英語で挨拶を返す。まずは、恥ずかしがらずに挨拶が返せる雰囲気をつくることと、名前も付けて言うことの大切さに気付くようにする。慣れてきたら、世界の挨拶やジェスチャーをまねて言わせることも可能である。

効果的に行うためのポイント

①教師の提示の仕方
活動の流れを黒板にイラスト等で示し、活動の流れが分かるようにする。ALT がいない場合はパペット等を使用すると場面が明確になる。

②活動の説明
新しい学級に慣れていない子供もいることに配慮し、はじめは、どんな挨拶にも "Hello." と元気よくジェスチャーを付けて返すように伝える。

③コミュニケーション
"Hello." と返事を返すことに慣れてきたら、「みんなのお名前も一緒に言うと、どんな気持ちになるかな」と声をかけ、そのよさを味わいながら活動を再開する。

発展型 ジェスチャーで世界の挨拶

やり方

　第2時において、導入の「いつでも Hello.」を行った後に行う。本時の目標である、「好きなものをたずねあう」活動前のプレ活動として行うことで、メインの活動がスムーズになる。このとき、ジェスチャーにハグを苦手とする子供がいることに配慮し、握手やハイタッチまたは、気持ちを伝えるために、オリジナルのジェスチャーをしてもよいことを伝えると楽しく活動することができる。

1 教師がジェスチャーで世界の挨拶をする

T 　　 ：（両手を胸の前で合わせるジェスチャーをする）
C1 　 ：Salamat siang!
T 　　 ：Good! Salamat siang, everyone!
Class ：Salamat siang! ○○ sensei!

なんて言っているかな

スラマッシアン

2 子供からジェスチャー挨拶をする

C2 ：（握手しているジェスチャーをする）
T 　 ：Everyone, what does he say?
C3 ：Hello. そうか！Hello, C2 さん！
C2 ：Hello, C3 さん！

3 ペアでジェスチャー挨拶をする

※中間指導では、名前を付けてやっているペアを見付け、紹介する。
C1 ：（頬をなでているジェスチャー）C2 さん
C2 ：ズドラーストビィチェ、C1 さん。How are you today?
C1 ：ズドラーストビィチェ、I'm happy. And you?
C2 ：I'm good.
C1 ：Oh, nice. Thank you, bye.

ズドラーストビィチェ、○○さん

4 みんなでジェスチャー挨拶をする

※中間指導では、好きなことを付け足して言っているペアを見付け、紹介する。
C3 ：（両手で抱きかかえるジェスチャー）C2 さん。
C2 ：アッサラームアレイコム、C3 さん。How are you today?
C3 ：アッサラームアレイコム、I'm fine. And you?
C2 ：I'm hungry. I like ice cream. Do you like ice cream?
C1 ：Oh, me, too. I like ice cream. Thank you, bye.

アッサラームアライクム.
I like ice cream.

効果的に行うためのポイント

世界の挨拶を、分かりやすいジェスチャーを付けて何度か聞いた上で、子供と教師と一緒に尋ねたり言ったりする。そこから次のペアでのやり取りにつなげるようにする。活動のルールを捉えてから、中間指導等を通して、頑張っている様子を大いに称賛する。実態に応じて無理のないように少しずつ発話内容を増やしていくとよいが、まずは、「コミュニケーションが楽しい」という気持ちを大切にしたい。

基本型 # チャンツでジェスチャースィンギング

やり方

　第 1 時において、Let's Chant "How's the weather?" を歌うときにアレンジバージョンとして行う。本時の目標である「天気の言い方に慣れ親しむ」に関わる活動であるため、めあてをもたせる。地域によっては台風 typhoon 天気雨 sun shower などの言い方を知りたがる子供も出てくるだろう。子供が生活の中で必要となる天気の言い方を学ぼうとする姿を称賛する。

効果的に行うためのポイント

①教師の提示の仕方 はじめに視覚情報のない状態でチャンツを聞き、次に、聞こえてきた天気の言い方を子供から引き出す。最後に、黒板に絵カードを掲示し、聞こえた順番に並べるなど、集中して聞けるようにする。	**②言いたいことを言う** 「雷ってなんて言うの？」など、紙面に載っていない天気の言い方を尋ねてくる子供がでる。そこから、ジェスチャーを付けて言いたいこと、知りたいことを引き出しイラストを板書する。	**③チャンツを歌う** 黒板に掲示してあるカードやイラストを子供の好きな天気の順に並べたり、苦手な天気の順に並べたりして、歌う順番を決める。子供たちと決めた天気を表すジェスチャーを使って歌う。

発展型 # お天気レポーター

やり方

　第 4 時において、導入の Let's Watch and Think ② を行った後に行う。本単元のメイン活動がスムーズ行えるようにするための練習的な活動である。話し手は、テレビに見立てた物やおもちゃのマイク等を持って話す。話し終わると、持っていたものを次の人にどんどん渡していく。グループ対抗、列対抗で行える。聞き手が絵カード等を提示して、ヒントを与えることも、話し手の手助けとなる。勝敗を決めるだけの活動にならないように配慮する。

1 　教師の話（天気リポート）を聞く

T：手作りテレビ（おもちゃのマイク）を持ちながら。
　　Hello, I'm in New York. It's sunny. Let's play soccer!
Class：OK! Let's play soccer!
T：Now, your turn. The rules are OK?
C 1 ：好きな国とお天気、できる遊びを言う。

手作り
テレビ

2 　活動①　ミニグループで行う

T：OK. Let's start!
C 1 ：Hello, I'm in America. It's cl, cl, cl …
C 2 ：Cloudy?（ミニカードをヒントに見せながら）
C 1 ：Oh, thank you. It's cloudy. Let's play tag.
C 2・3・4 ：OK! Let's play tag!
C 1 ：C 2 さん、here you are.（使用した物を渡す）

It's cl…
Cloudy?

3 　天気の言い方や遊びの言い方を確認する

T：Good job, everyone. Are you OK?
C 1 ：先生、お天気の言い方で困りました。そのとき、
　　　C 2 さんがカードを見せて助けてくれました。
T：Nice help, C 2 さん。それでは、お天気の言い方を
　　思い出しましょう。
C 3 ：遊びの言い方ももう一度練習したいです。
※中間指導は、子供の必要感に応じて行う。

Here you are.
Thank you.

4 　活動②　列で行う

T：Now, second race! Let's start!
C 3 ：Hello, I'm in Okinawa Japan. A typhoon is coming.
　　　Let's play オセロ！

Line：OK! Let's play オセロ！
C 3 ：C 4 さん、here you are.（使用した物を渡す）

効果的に行うためのポイント

中間指導でジェスチャーを付けながらチャンツ "How's the weather?" を言う。どんな遊びが楽しめるかを考えながら言わせると、イメージが膨らみ、活動がスムーズになる。英語で言えない遊びもあると予想される。その際は、言いたいことを相手に伝えるにはどうしたらよいかを考えると、ジェスチャーの有用性に気付くことができる。まずは、相手に伝えたいという自分の思いをもっている点を称賛したい。

基本型 # Oh! ハッピーウィーク

やり方

　この単元で扱う曜日の言い方は、外国語学習ではくり返し登場するので、定着するまでくり返し練習する。本活動は４〜５名のグループで輪になり向かい合い、順番に曜日を言う。最初の子供はSunday と言って次に言う人を指さす。指名された子供は Monday と言って次の人を指名する。以降、順番に曜日を言い、最後に Saturday と指さされた両隣の子供だけ "Oh! Happy week!" と言って、両手を挙げてばんざいする。

効果的に行うためのポイント

①活動の準備

T：Please make groups of four.（４〜５人程度のグループを作る）

T：Please make a circle, and face each other.
（どこかのグループを使って、例示するとよい）

T：C 1, you go first.

②活動の説明

C 1：Sunday.
（と言って C 2 を指さす）

C 2：Monday.
（と言って C 3 を指さす）

C 3：Tuesday.
（と言って C 4 を指さす）

C 4：Wednesday.
（と言って C 1 を指さす）

③活動の終わり方

C 5：Thursday.

C 1：Friday.

C 2：Saturday.

＊C 2の両脇にいる C 1と C 3は、両手を挙げて "Oh! Happy week!" と言う。慣れてきたら指をさして指名してやることもできる。

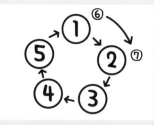

発展型 # エスパーゲーム

やり方

　本単元の第3時では、「相手に配慮しながら、自分の好きな曜日を伝え合おうとする」ことを目標に、やり取りのActivityが設定されている。ここでは、教師と子供がやり取りをしながら、教師の好きな曜日を当て合う「エスパーゲーム」を行う。いつも一緒に過ごしてよく知っている担任の好きな教科や給食のメニューなどをヒントにしながら、相手意識をもった、意味のあるやり取りの活動が行われるように配慮する。

1 好きなものについてやり取りをする①

T 　： C 1, do you like rice or bread?
C 1 ： I like rice.
T 　： Me, too. I like rice, too. C 2 , do you like apples or oranges?
C 2 ： I like apples.

2 好きなものについてやり取りをする②

T 　： Oh, I don't like apples. I like oranges. C 3, do you like ○○ ?
C 3 ： No, I don't. I don't like ○○ .
T 　： Oh, I like ○○ . How about you, C 4?
（以下同様に、好きなものをやり取りする）

3 エスパーゲームの準備をする

T 1 ： OK. Let's enjoy Esper Game! Please guess. What day do I like?
C 1 ： Do you like Mondays?
T 　： No, I don't.
D 2 ： Hint, please.

4 エスパーゲームをする

T 　： OK. Hint No. 1. I like rice.
　　　 Hint No. 2. I like music.
C 3 ： I know. Do you like Thursdays?
T 　： Yes, that's right. I like Thursdays.
（慣れてくれば、子供同士のやり取りもできる）

効果的に行うためのポイント

唐突に "Do you like Thursdays?" と質問するよりは、4年生がこれまでに学んできた表現を使い、相手の好きなものなど好みを手がかりにして、好きな曜日を予想させると、より一層コミュニケーションが深まる。テレビ番組や給食の献立、さらに好きな教科などを題材にしながら、やり取りを通して好きな曜日を予想させるようにする。教科名を題材にする際は教科書を見せながら、I like math, music, English and P.E.. などというと理解できる。

基本型　a.m./p.m.?ポインティング・ゲーム

やり方

　第2時において、授業の導入時に行う。テキスト紙面のp.14、15を使用して行う。本時の目標「時差への気付き」に関わる活動につながるため、言い方やリズムに集中して聞いたり言ったりできるようにする。"It's 〜 a.m.（p.m.）" が聞こえたら、くり返してから「午前か午後か」を思考し、その時刻を指さす。教師は答え合わせのときには、ジェスチャーを交えて日課を言うなどし、時刻や生活時間の言い方を単純にくり返して言うだけの活動にならないように配慮する。

効果的に行うためのポイント

①活動の説明

教師が言った時刻をくり返して言ってから指さしをする。

T：Please listen and point the time.
　　I like "Bath time".
　　It's 7:00 p.m..
C：It's 7:00 p.m.!（指す）

② ALT との TT の場合

T：A 先生、What's your favorite time?
A：I like "Dream Time".
　　It's 4:00 a.m.
C：It's 4:00 a.m..（指す）
※ ALT がいない場合は、アニメのキャラクターなどを題材にすると興味をもって聞ける。

③ o'clock の紹介

慣れてきたら o'clock の言い方も紹介する。o'clock は紙面にないが、知っている子供が言ってきたら称賛し、全体に紹介するなど、導入するタイミングは子供の実態に応じて見極めることが必要である。

発展型 # サイレントジェスチャー・インタビュー

やり方

　第4時において、導入の「ポインティング・ゲーム」を行った後に行う。本単元の目標に関わる活動にスムーズにつなげるための活動である。声を出さずに、アイコンタクトとジェスチャーだけで会話をする活動である。今後の活動で、相手に自分のことを伝えようとするときに言葉につまったりしてしまっても、ジェスチャーを付けることで分かってもらえたり、助け合ったりできるということに気付かせ、交流を深める楽しさを実感することができるようにする。

1　活動の説明をする

T　：（手をふって挨拶をする。声は出さない）
C　：先生どうしたの？　かぜかな？
T　：（指でハートを作り、その次に寝る動きをする。最後に、子供に問いかける仕草をする）
C　：あ、質問してる。I like "Lunch Time".
T　：（指でしーっとするジェスチャーをする）
C　：なるほど。ジャスチャーだけで話すんだね。
　　　（指でハートを作り、食べる動きをする）

2　ペアでやり取りをする

C12：（お互い手をふって挨拶をする）
C 1：（指でハートを作り、その次に何かを書く動きをする。最後に、子供に問いかける仕草をする）
C 2：（指でハートを作り、その次に挙手をする動きをする）
C12：（お互い手をふって挨拶をする）
※挨拶、アイコンタクトを褒める声かけをする。

3　グループの友達とやり取りをする

C34：お互い手をふって挨拶をする
C 3：指でハートを作り、その次に何かを食べる動きをする。最後に、子供に問いかける仕草をする。
C 4：指でハートを作り、その次に何かを食べる動きをする。（同じような動きだったので喜ぶ。）
C12：お互い手をふって挨拶をする。
※相手の伝えている内容を詳しく知る方法はないかと問いかける。

効果的に行うためのポイント

Let's chant "What time is it?" を何度か聞かせたり、ポインティング・ゲームで表現に十分慣れ親しませた上で行う。表現に慣れ親しませながら、どの時間が一番好きで、なぜ、好きなのかという思いや考えをもてるようにすることに配慮する。ジャスチャーで基本的なことは伝え合えても、「なぜ」の問いに答えるには言葉を使用したほうが有効であることにも気付けるようにし、ジェスチャーや言葉をより工夫して使い、交流を深めることの大切さを感じられる時間にしたい。

大事にしている文房具

やり方

　have と初めて出合う単元である。まずは have の持つ「所持」の意味を、明確な場面や状況の中で自然な形で導入をしたい。文房具名の導入と同時に行うこともできる。「思い入れのある文房具を紹介し合おう」と場面設定をし、移動教室時に使用している絵本バッグなどに入れさせ "What do you have?" " I have ~." "Show me, please." の表現で行う。手のひらやポケットに入れさせても have を状況で捉えやすく、like との違いを体験的に捉える子供が増える。

This is my special.

効果的に行うためのポイント

① 思い入れのある文房具
T：This pencil case is my special.
C 1：古い。長く使ってるんだ！
T：Yes. It's old. Present from my best friend.
　　How about you, C 2 さん？
C 2：う〜ん。絵本バッグ！
（入学祝いの present）

② 場面設定後の展開
T：Let's interview.
　　What do you have?
C 1：I have a notebook.
T：Show me, please.
　　Oh, I see. This is your special goods. Why?
C 1：I like dogs.

③ like と返事する子への対応
T：What do you have?
C 2 ：I like pencil.
C：Show me, please.
　　（子供が実物を見せる）
T：Wow! You like this pencil.
　　So, you HAVE this pencil.
ジェスチャーも使用して強調する。

I like dogs.

めざせ、文房具デザイナー！

やり方

　文房具名や have の表現に慣れ親しんだ頃に行う。目的を「文房具デザイナーになってアイディア商品を紹介し合おう」と設定する。巻末のミニカードを使用し、自分のアイディアを加えた文房具を描かせる。「プラスワンアイディア」とすることで、子供は10分ほどでアイディアを描き足すことができる。それぞれの考えが生かされたデザインを見合う状況で、相手に配慮しながら「褒め言葉」を自然に使う姿が現れ、相手意識を高めることができる。

1　デザインタイム（10分程度）

T：Let's renewal school goods.
C 1：I like alligators. Alligator pencil sharpener!
T：Oh, wonderful idea!
※安心して自由な発想をもてるよう配慮する。

2　ペアでやり取り①

C 1：What do you have?
C 2：I have a magnet. Design magnet.
C 1：Show me, please.
C 2：じゃじゃじゃーん！
C 1：Wow! Nice.

3　他の褒め言葉を求め始める

C 2：先生、かっこいいねって言いたいな。
T：OK, C 1 さん Who do you want to tell?
C 2：C 1 さん、わにのえんぴつ削りだったよ！
T：Show me, please C 1 さん。Wow! Cool!!
※言いたい相手の作品を実際に見て教師が言う。

4　よりふさわしい感想を伝えたくなる

C 3：いいアイディアだねって言いたいな。
C 4：Nice idea! じゃない？
C 5：じゃあ、Cool idea も使えそうだね。
C 6：ALT の先生に、wonderful design って言われたよ
T：相手の作品にぴったりな言葉で褒めたいんだね。
※相手意識の高まりが現れたら大いに称賛する。

効果的に行うためのポイント

表現や文房具名に慣れ親しんでくると、本当の思いや考えを伝え合うような活動に移行していきたい。文房具デザインを通してアイディア（考え）を表出できるようにし、友達のアイディアに、よりふさわしい言葉を選んで感想を伝えようとすることで、相手意識をもった心の交流が図れる。本単元では、心と言葉のつながりに着目しながらやり取りを行うような学習経験をさせることが可能である。

基本型 # ハンズアップ アルファベット チャンツ

やり方

　第 2 時において、授業導入の Let's Sing "ABC song" を行った後に行う。アルファベットの小文字は、特徴を見付ける楽しさを織り交ぜた活動にすると少しずつ学びが深まる。まずは、大文字との違いがある、「高さ」に着目させる目的で行う。1 階建ての文字は手の平を頭の上に、2 階建ての文字は両腕を上に伸ばし頭より高く、地下 1 階建ての文字は手の平を膝の上、というふうにする。また、「j」だけが全ての部屋を使用していることを子供から引き出す。

効果的に行うためのポイント

①教師の提示の仕方
4 線が引いてあるアルファベット小文字カードをチャンツに合わせ、4 つの① a〜g、② h〜n、③ o〜u、④ v〜z の 4 グループに並べる。はじめは、オプション①で行う。

②難易度を少し上げる
オプション②で歌う。「hij」の部分で、混乱することが予想されるが、まずは、チャレンジしている部分を称賛し、間違えてもよいことを伝え、楽しい雰囲気の中で行う。

③コミュニケーション
ペアで向かい合わせ「鏡」の動きで行う。①黒板を向いて行う子、②友達の動きを見てまねて動く子がでるので、自然にアイコンタクトをとったり、相手に分かりやすく伝えるための工夫をする姿が生まれる。

発展型 # アルファベットゆうびんやさん

やり方

　第4時において、発展的な活動として行う。高学年での文字学習のつながりを少しだけ意識し、小文字への関心を高めるために行う。子供の学習経験により、様々な方法で段階を設定することができる。①高さ、②曲線・直線、③たて線文字、④ギザギザ文字など形に着目したグループ分けをすることが予想される。子供と見付けたルールで行い、学びの連続性を意識できるように配慮する。

1　3階建ての郵便ポストを用意する

T：We have a mailbox. It has a second floor, a first floor
　　and a basement.　Do you have a basement?
C1：No. "pさん" ならそこに住んでいるよ。
T：Oh, thank you, C1さん。Then, here is a letter for "p" さん . Which
　　floor's mailbox should I put in ?
C1：Basement!

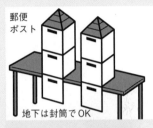
郵便
ポスト
地下は封筒でOK

2　全員に1枚ずつ小文字のカードを配る

T：Now, let's try to be a mail carrier!
Class：OK!
T：Please get one letter. Turn over. It's secret.
　　Here you are, C1さん .
C1：Thank you.

3　教師用郵便受けに入れに来る

T：Now, you can see your letter. And bring it and put in.
　　Please think which floor do they live on.
　　Please come over here and make a line.
C2：OK, can I try first?
T：What alphabet do you have? Which floor?
C2：I have "d". Second floor. （2階に入れる）

I have "d" second floor.

4　学級を2つの班に分けて行う

T：Let's do the race. Let's make 2 teams.
Class：Yeah! Race!
T：I'll give you a new letter. Turn over. It's secret.

Here you are, C3さん .
C3：Thank you.
カードを配布した後は、同じ手順で行う。

効果的に行うためのポイント

小文字への認識と What alphabet do you have? I have 〜. の表現に慣れ親しむという目的がある。ゲーム活動の時点で、1人で行うのがまだ難しい子供には、ペアで活動してもよいことを伝える。What alphabet do you have? と尋ねる役を、子供が行うと慣れ親しみが早くなる。慣れてきたら、a〜z の順に並んでからポストに入れるなど、少しずつミッションを設定すると飽きずに、さらに、協力して行う姿が現れる。支持的風土のある中で安心して行えるようにする。

チャンツでクッキング

やり方

　第1時において、食材の名前をある程度言い慣れた後に行う。黒板に大きなボウルやおなべを描き、チャンツのリズムに合わせて、歌いながら「フルーツポンチ」や「カレー」「シチュー」などを作る。絵カードや即興で教師が描く手描きイラストでも盛り上がる。本単元で使用する表現の獲得を目指して、楽しく行う目的である。チャンツを通したやり取りを行う中で表現や語彙についての練習の必要感が出てくれば、丁寧に言ったり聞かせたりする練習を行う。

効果的に行うためのポイント

①活動の説明
教師と ALT で行い、使用する表現を言いながらお手本を示す。
T：Let's make original fruit salad. What do you want?（チャンツで歌う）
A：I want bananas, please.
T：How many?
※チャンツに合わせて歌いながら行う。

②教師の提示の工夫
〈①の続き〉
A：Two, please.（ジェスチャーを付けながら）
T：Here you are.
（黒板に描かれたボウルの中に入れていく）
C：Thank you.
※以下、同様に行う。

③うまく言えないとき
チャンツに合わせることで楽しい反面、言いたいけど言えない状況が出てくるかもしれない。その際は、「どうすれば言えるようになるかな？」と問いかけ、課題解決に向けた思考を促す。「言えないところを集中して練習したい」と出るであろう。

発展型　フライヤーポインティング・ゲーム

やり方

　第 2 時以降で食材の語彙を増やしたい様子が現れてきた際に、ポインティング・ゲームの発展形として行う。教師がスーパーのチラシを持ち、クイズを出す。子供はどの食材を言っているかを推測し、食材を指さす。食材名に慣れてきたら、子供にチラシを見せながら食材名をまねて言わせ、ポインティング・ゲームを行う。どの食材を言っているかを推測する場合には、これまでに慣れ親しんできた表現を使用して、まとまりのある話を聞くという体験も、意図して行う。

1　教師はチラシを持っている

T：Please open your textbook to page 26and 27.
　　I want make curry and rice. What do I want?
　　It's from Hokkaido. It's round.
　　Its name is… p..o..t..a..t..o…e…s.
C：Hokkado, round, p…o（文字を見て探している）
　　Potato（es）？
T：That's right! Potatoes.

It's from Hokkaido.

2　ポインティング・ゲーム

T：I want make curry and rice. What do I want?
　　It's from Ibaraki. It's green.
　　Its name is… g..r..e..e..n.....p..e…p..p..e..r…s
C：産地では分からないな。緑のものはたくさんだし。アルファベットを聞いてみよう。
　　先生、one more time, please!
T：OK. Great idea! The spell is g..r..e..e..n...p..e..p..p
※文字に着目させるような出題も取り入れる。
p.29 Let's Listen ②へつながる活動を心がける。

It's green.

3　ペアやグループで取り組む

T：I want make やさいいため . What do I want?
　　It's from Hyogo, Awaji Shima. It's round.
　　It makes me cry.（泣くジェスチャー）
C：Onion（s）！
T：That's right! Onions!
C：Onions!（くり返して言ってから、指さし）

効果的に行うためのポイント

フルーツパフェ作りや、ピザ作りの際に思いを膨らませながら買い物をしたり、メニュー作りをしたりできるよう、場面をできるだけ実生活に近付けるためにチラシを使用する。また、SDGS の視点も少々取り入れながら外国語活動を行うことで子供の思考の深まりが期待できる。ヒントを出す際には、本単元での「缶詰自己紹介」などの活動も設定されている点も考慮し、少しずつアルファベットの小文字に慣れ親しませることもできる。

基本型 # どっち・どっち・クイズ

やり方

　本単元のゴールで行う「お気に入りの場所紹介」につながる練習活動である。教師の話す、進行方向を表す指示英語を、子供がリズムよくくり返して言いながら方向を変える。実際に移動等はせず、一定の場所で行う。周囲に気を付けながら身体的活動も取り入れて楽しく表現に慣れ親しめるようにしたい。活動前に「どこへ案内されるのか、なぜそこへ連れて行かれるのか」の「聞く目的」を意識することで、機械的なくり返しにならないような状況の設定ができる。

効果的に行うためのポイント

①活動の説明

T：Let's go to my favorite place. Go straight.
C：Go straight.
（その場で足踏み）
T：Turn right/left.
C：Turn right/left.
（その場で左右を向く）
T：Go up/down.
C：Go up/down（天井を指す）

T：（ジャンプし、床を指す）Here!（目的地に到着）
C：Here.（その場で一歩前へ、ジャンプ）
C：Where is it?
T：My favorite place is the music room.

②プラスのやり取り

C：Why?
T：I like music.
　　Do you like music?
C：Yes, I do./No. I don't.

発展型 # あみだくじ ナビゲーター

やり方

　さらなる慣れ親しみを目指して、思考を伴う発話の機会を設定したい。そこで、教室のピクチャーカードを用いて、あみだくじの要領で道案内を行う。時間割と関連付け、移動教室へ向かう場面設定をすると実生活をイメージしながら意欲的に発話するだろう。はじめは、教師と学級全体で行い、ルールの確認をしながら始めるとよい。

1　教室絵カードと 3 ～ 4 本の縦線だけを引く

T：I have Teachers meeting. Can you navigate?
C：OK. Course number 1 . Go straight!　Here!
　　縦線だけなのですぐに到着できる

2　カードを裏返し横線をかき足す

T：You have music today. I'll navigate you.
　　Which Course number?
C：Course number 2 .
T：①横線を 3 ～ 4 本ほどかき足す。
　　②絵カードを裏返し、ランダムに並べ替える
C：えー！！
T：Let's go to the music room.
　　From course number 2 . Go straight!
C：Go straight!（くり返す）
T：Sorry. Try again, Ok? / Here! Nice navigator!

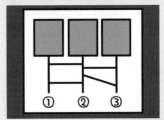

3　ペアの子ども同士で道案内をし合う

C：自分であみだくじを作ってやりたいな。
T：Nice idea. You can use your notebook and small cards.
C 2：C 3 さん、今日、給食当番？ Let's go to the lunch room!
※時間割り以外にも、係当番、掃除の分担などを話題にすることができる。

4　コースの提示に工夫する

※ルールに慣れてきたら、 1 ～ 3 の数字を、アルファベットの大文字に替えて行うとよい。さらに少しずつ小文字にしていくと文字への慣れ親しみへの指導も可能である。

効果的に行うためのポイント

校舎内の教室名、道案内の言い方、お気に入りの施設についてのやり取りなど、一度にたくさんの学習事項を扱う単元である。まずは日常的な学校生活を話題にし、用事のある場所へ相手を連れていく場面設定をし、きちんと相手意識をもった活動としたい。方向指示の表現は、単調になることがあるので、自作のあみだくじを用いることで、案内する人も、される人も、ワクワクしながら協力し合って楽しく活動することができる。

基本型 # ミッシング・ゲーム

やり方

　第１時において、導入の「キーワード・ゲーム」を行った後に行う。本時の目標に関わる活動であるため、「面白い表現、英語のリズムの楽しさ、自分のことを表せる表現はあるかな」など、自分事として捉えながら活動できるように声かけを行う。生活を表す表現なので、興味・関心を高められるよう、やり取りを通して慣れ親しませる。単純なゲームにならないように配慮する。

効果的に行うためのポイント

①活動の説明
T：My favorite routine is…
　　What is it?
　　（カードを１つなくして）
　　What's missing?
C：えー？宿題タイム？
T：Yes, This is my favorite routine. Do you like it ?
やり取りをしながら隠されたカードや消えたカードが何かを言う活動であることを捉える。

② ALT との TT の場合
子供は目を閉じる。
A：I never do this. But we do bed-making.
T：Open your eyes, class. What's missing?
C："Futon Time?"
A：Yes. I never do this.
　　（ジェスチャーを付ける）
　　I put away my *futon*.
C：I put away my *futon*.

③コミュニケーション
教師と子供のやり取りを通して、意味をつかませながら行う。好きな日課や、苦手な日課、教師が小学生の頃にやっていたことなどを題材に話すと、興味をもって聞いたり言ったりしようとする姿が現れる。

発展型 # Who am I?クイズ

やり方

　第5時において、まとまった短い話を聞いて、おおまかな意味が分かり、日課を表す表現にも十分に慣れ親しんだ様子が見られるようになってから行う。3名ほどのグループを作り、1人1つずつグループの誰かの日課を伝える。①表現担当、②ジェスチャー担当、③ Who am I? 担当を決め、助け合ってできるように配慮する。

1　誰のことをクイズにするか決める

T：Now, let's make Who am I Quiz about
　　　1 member.
C：先生、Let's Try に載っていない言い方でもいいですか。
C：I like 〜 time. の言い方でもいいですか。
T：Everything is OK. But please tell your real routines, what you like.
※クイズを作り、チャレンジしたい気持ちを称賛する。

Please tell your real routines.

2　絵カードで話す順番を決める

T：Then, please decide the quiz order and jestures.
C2：ジェスチャーを使ってもいいですか。
T：The role, you can decide, too.
C2：OK, thank you.
※グループで協力して役割をもってできるようにする。

どの担当にする？

3　役割を分担して Who am I? クイズを出す

C1：Who am I?　I wake up at 6:00 am.
C2：ジェスチャーを付けて I take a bath.
C3：I like "Bath Time". It's 7:00 a.m.
C1：I take out the garbage. Who am I?
C4：I know. C2さん。
C3：Why?
C4：クラスで一番早く登校しているから。
C123：That's right. Good job!

I wake up at 6：00.

効果的に行うためのポイント

チャンツ "This is how I spend my day" を何度か聞いたり言ったりし、教師による「校内の先生 Who am I? クイズ」を行った上で発展的な活動として行うことが可能である。日課の表現は、聞いて分かっても完璧な発話を求めるには早いことも考えられるため、4年生 Unit 4 で慣れ親しんだ「〜 Time」という表現を使用してもよいことを伝え、役割分担をして、自分の得意な表現方法でクイズ出題にチャレンジできるようにするとよいだろう。

編著者・執筆者一覧

[編著者]
直山　木綿子
文部科学省初等中等教育局視学官

京都府出身。京都市立中学校で勤務後、京都市総合教育センターカリキュラム開発支援センター指導主事、同指導室指導主事、京都市教育委員会学校指導課指導主事、文部科学省教育課程課教科調査官を経て、平成31年４月より現職。主な著書に『小学校外国語活動　イラストで見る　全単元・全時間の授業のすべて［５年・６年、全２巻］』（東洋館出版社）、『外国語活動の授業づくり』（文溪堂）、『なぜ、いま小学校で外国語を学ぶのか』（小学館）、『小学校外国語活動モデル事例集』（教育開発研究所）など多数。現場時代の経験を踏まえた講演・授業が全国の小学校で人気を博し、大きな反響を呼んでいる。

[執筆者] ＊執筆順。所属は令和３年２月現在

		[執筆箇所]
直山　木綿子	（前出）	はじめに、外国語教育における授業のポイント
平良　優	沖縄県宮古島市立東小学校	Unit 1 ／Unit 6
井　智美	大分大学教育学部附属小学校	Unit 2
轟木　陽子	東京都江東区立豊洲西小学校	Unit 3 ／Unit 4
坂田　美佳	徳島県鳴門市板東小学校	Unit 5
横山　知子	東京都足立区立伊興小学校	Unit 7
佐藤　美智子	鳴門教育大学	Unit 8
奥平　明香	沖縄県浦添市立浦添小学校	Unit 9 ／巻末付録

『イラストで見る全単元・全時間の授業のすべて　外国語活動　小学校4年』
付録 DVD ビデオについて

・付録 DVD ビデオは、文部科学省初等中等教育局視学官による外国語活動・外国語科における解説動画が収録されています。

[DVD の内容構成]
1　新学習指導要領における外国語教育の在り方
2　外国語活動・外国語科の指導のポイント
3　Let's Try 2 の解説と言語活動のアイデア
4　外国語活動・外国語科の評価のポイント
5　小中連携のポイント

[使用上の注意点]
・DVD ビデオは映像と音声を高密度に記録したディスクです。DVD ビデオ対応のプレイヤーで再生してください。
・ご視聴の際は周りを明るくし、画面から離れてご覧ください。
・ディスクを持つときは、再生盤面に触れないようにし、傷や汚れ等を付けないようにしてください。
・使用後は、直射日光が当たる場所等、高温・多湿になる場所を避けて保管してください。

[著作権について]
・DVD ビデオに収録されている動画は、著作権法によって守られています。
・著作権法での例外規定を除き、無断で複製することは法律で禁じられています。
・DVD ビデオに収録されている動画は、営利目的であるか否かにかかわらず、第三者への譲渡、貸与、販売、頒布、インターネット上での公開等を禁じます。

[免責事項]
・この DVD の使用によって生じた損害、障害、被害、その他いかなる事態についても弊社は一切の責任を負いかねます。

[お問い合わせについて]
・この DVD に関するお問い合わせは、次のメールアドレスでのみ受け付けます。　tyk@toyokan.co.jp
・この DVD の破損や紛失に関わるサポートは行っておりません。
・DVD プレイヤーやパソコン等の操作方法については、各製造元にお問い合わせください。

※動画内資料　『Let's Try 2 』（文部科学省、2018年）

イラストで見る　全単元・全時間の授業のすべて

外国語活動 小学校 4 年
～令和 2 年度全面実施学習指導要領対応～

2021(令和 3) 年 3 月10日　初版第 1 刷発行

編 著 者：直山　木綿子
発 行 者：錦織　圭之介
発 行 所：株式会社東洋館出版社
　　　　　〒113-0021　東京都文京区本駒込 5 丁目16番 7 号
　　　　　営 業 部　電話 03-3823-9206　FAX 03-3823-9208
　　　　　編 集 部　電話 03-3823-9207　FAX 03-3823-9209
　　　　　振　　替　00180-7-96823
　　　　　U　R　L　http://www.toyokan.co.jp

印刷・製本：藤原印刷株式会社

装丁デザイン：小口　翔平＋岩永　香穂（tobufune）
本文デザイン：藤原印刷株式会社
イラスト　：osuzudesign（田中小百合）
DVD 制作：秋山　広光（ビジュアルツールコンサルティング）

ISBN978-4-491-04015-8　　　　　　　　　　　Printed in Japan